马克思主义简明读本

解读李大钊

丛书主编：韩喜平
本书著者：王海明

编 委 会：韩喜平　邵彦敏　吴宏政
　　　　　王为全　罗克全　张中国
　　　　　王　颖　石　英　里光年

吉林出版集团股份有限公司

图书在版编目（CIP）数据

解读李大钊 / 王海明著. -- 长春：吉林出版集团股份有限公司，2014.4（2019.2重印）
（马克思主义简明读本）
ISBN 978-7-5534-4092-7

Ⅰ.①解… Ⅱ.①王… Ⅲ.①李大钊（1889～1927）—人物研究 Ⅳ.①K827=6

中国版本图书馆CIP数据核字（2014）第059777号

解读李大钊
JIEDU LI DAZHAO

丛书主编：韩喜平
本书著者：王海明
项目策划：周海英　耿　宏
项目负责：周海英　耿　宏　宫志伟
责任编辑：陈　曲　尹　磊
出　　版：吉林出版集团股份有限公司
发　　行：吉林出版集团社科图书有限公司
电　　话：0431-86012746
印　　刷：北京一鑫印务有限责任公司
开　　本：710mm×960mm　1/16
字　　数：100千字
印　　张：12
版　　次：2014年4月第1版
印　　次：2019年2月第3次印刷
书　　号：ISBN 978-7-5534-4092-7
定　　价：29.70元

如发现印装质量问题，影响阅读，请与出版方联系调换。0431-86012746

序　言

　　习近平总书记指出，青年最富有朝气、最富有梦想，青年兴则国家兴，青年强则国家强。青年是民族的未来，"中国梦"是我们的，更是青年一代的，实现中华民族伟大复兴的"中国梦"需要依靠广大青年的不断努力。

　　要提高青年人的理论素养。理论是科学化、系统化、观念化的复杂知识体系，也是认识问题、分析问题、解决问题的思想方法和工作方法。青年正处于世界观、方法论形成的关键时期，特别是在知识爆炸、文化快餐消费盛行的今天，如果能够静下心来学习一点理论知识，对于提高他们分析问题、辨别是非的能力有着很大的帮助。

　　要提高青年人的政治理论素养。青年是祖国的未来，是社会主义的建设者和接班人。党的十八大报告指出，回首近代以来中国波澜壮阔的历史，展望中华民族充满希望的未来，我们得出一个坚定的结论——实现中华民族伟大复兴，必须坚定不移地走中国特色社会主义道路。要建立青年人对中国特色社会主义的道路自信、理论自信、制度自信，就必须要对他们进行马克思主义理论教育，特别是中国特色社会主义理论体系教育。

要提高青年人的创新能力。创新是推动民族进步和社会发展的不竭动力，培养青年人的创新能力是全社会的重要职责。但创新从来都是继承与发展的统一，它需要知识的积淀，需要理论素养的提升。马克思主义理论是人类社会最为重大的理论创新，系统地学习马克思主义理论有助于青年人创新能力的提升。

要培养青年人的远大志向。"一个民族只有拥有那些关注天空的人，这个民族才有希望。如果一个民族只是关心眼下脚下的事情，这个民族是没有未来的。"马克思主义是关注人类自由与解放的理论，是胸怀世界、关注人类的理论，青年人志存高远，奋发有为，应该学会用马克思主义理论武装自己，胸怀世界，关注人类。

正是基于以上几点考虑，我们编写了这套《马克思主义简明读本》系列丛书，以便更全面地展示马克思主义理论基础知识。希望青年朋友们通过学习，能够切实收到成效。

韩喜平

2013年8月

目　　录

引　言 / 001

第一章　不幸身世　发奋读书 / 004

第一节　不幸身世 / 004

第二节　在永平府中学堂 / 012

第二章　天津求学　深研政理 / 016

第一节　求学津门 / 016

第二节　初参政潮 / 020

第三节　发表政见 / 027

第三章　求学东瀛 / 034

第一节　留学生活 / 034

第二节　探讨民主 为反对专制而战 / 038

第三节　"民彝"思想与青春宣言 / 045

第四章　回国办报 / 052

第一节　倾心民主 / 052

第二节　反对军阀专制 抒发政见 / 068

第五章　北大岁月 / 075

第一节　为北大教育事业奋斗 / 075

第二节　热心公益 / 085

第六章　选择马克思主义 / 094

第一节　新文化运动 / 094

第二节　倾心俄国革命 / 098

第三节　指导青年 / 109

第四节　转向马克思主义 / 116

第七章　参与创建中国共产党 / 126

第一节　南陈北李相约建党 / 126

第二节　领导工人运动宣传社会主义 / 134

第八章　开展统战工作推动国民革命 / 146

第一节　推动国共合作 / 146

第二节　推动北方国民革命 / 157

第三节　发展工农运动 / 165

第九章　英勇就义 / 172

第一节　苏联之行 / 172

第二节　英勇就义 / 176

知识链接 / 183

引　言

　　自1840年鸦片战争以来，中华民族饱受列强欺凌，山河破碎，国势凌夷。祖国深重的危机让我们的先人在黑暗中苦苦探索，他们敲响中华民族灭亡的警钟，他们写下与国家共存亡的誓言。他们不畏强暴，为主义和理想而战，那面鲜艳的五星红旗是由无数革命烈士的鲜血染成，今天的美好生活是无数的革命战士用自己的生命换来的。在他们之中，又有数位伟大的时代引领者，李大钊就是其中之一。今天当你站在北京五四大街街北，一定看得到一座红砖楼房，在周围现代建筑的映衬下，它显得古朴而庄严。它见证过伟大的五四运动，见证过发生在北京的爱国游行，更见证过伟大的无产阶级革命家、理论家、思想家李大钊同志的革命历史。在红楼一楼东南角的房屋里陈列着李大钊的遗物。看到这些遗物，你便能感受到李大钊的生活，想到那岁月峥嵘的革命年代，想到无数人为今天的新生活所付出的巨大牺牲。

中国选择了伟大的中国共产党，选择了社会主义道路，这是中国共产党人艰苦卓绝奋斗的结果。而这与这本书的主人公——李大钊是不可分割的。1918年，是他最先在中国高举起马克思主义的旗帜，欢呼俄国革命；是他领导创建了伟大的中国共产党；也是他推动了轰轰烈烈的国民大革命。而这位革命英雄的终局是用他的慷慨就义谱写了一个无产阶级战士的悲壮一生。

李大钊一岁多便成了孤儿，是年迈的祖父将其养大。从小的艰苦生活让李大钊形成了坚毅、勇敢和急公好义的性格。李大钊在永平府中学堂接受新式教育，随后他考取北洋法政学堂深研政理，而留日生涯让他迅速地成长起来。在这段人生最美好的青年岁月里，他用自己的一杆毛笔抒发着对祖国的深厚感情、对国家前途的忧虑和对民主理想的追求。

"铁肩担道义，妙手著文章"，这是他一生的写照。十月革命后，他热情地欢呼庶民的胜利，最早在中国转向了马克思主义，并且逐步地成长为一名坚定的无产阶级战士。李大钊是中国马克思主义运动的先驱，是中国共产党的缔造者，是国共合作的有力推动者，他把自己毕生的精力都奉献给了共产主义事业。

翻开李大钊生前的照片，你会发现他是一个留着两撇黑胡的儒雅青年，但是他却走在了时代的最前列，发出了时代的最强音。他用饱满的热情鼓励青年，吹响了青春中华的号角。他将祖国的希望寄托在青年人身上，号召青年人担负起国家的责任，为祖国而奋进！今天我们解读他的一生，踏着先烈的足迹热情地召唤："青春中华，万古长青"！

第一章 不幸身世 发奋读书

第一节 不幸身世

一、出生

清光绪十五年,即公元1889年的秋冬之际,李大钊出生在北方美丽的海滨县城——河北省乐亭县治下的一个普通的小山村。乐亭县南部被渤海湾环绕着,从燕山穿过的滦河朝着东南流向渤海,古滦河孕育了乐亭文明。在河的下游入海口,有很多隆起的沙坨子。当滦河水涨潮时,堤坝总被冲决,年深日久,良田变成了许多沙丘,人们便在这些沙丘上建筑房屋,其中一个比较大的沙坨子上住着三千多人,这就是李大钊的出生地——大黑坨村。

大黑坨村背山面海,非常美,距北戴河海滨大约百里,村背后是碣石山峰，高耸入云，这里与当时重要的运输干线——京奉铁路仅距数十公里。据传，大黑坨村始建于明永乐年间，明成祖朱棣从山西迁了大量移民到大黑坨村，自此李大钊的先人们便开始在这片土地上繁衍生息。

滦河川流不息，流淌其间，创造了神奇壮美的燕赵大地，也孕育了慷慨好义的乐亭人。曹操曾在高耸逶迤的碣石山留下"东临碣石，以观沧海，水何澹澹，山岛竦峙"的绝唱。秀美的景色让李大钊非常神往，只要一有机会，他便走出家乡的小天地，去寻找外面广阔的世界，这也养成了他开阔的胸襟和无畏的品格。年轻时，李大钊曾有一次神奇的冒险之旅，那是去天津求学的时候，他不走旱路，坚持从水道去滦州车站坐车，这条水路恰是青龙河汇入滦河一段，两河相汇以后，水流湍急，河两侧群山连绵，峰峦叠嶂，远山近水，雄浑壮美，但船公却必须小心翼翼，因为水里藏着很多暗礁，这条险路随时都有触礁翻船的危险，他却并不畏惧，反而对这其中的惊险而精神振奋。

大无畏的李大钊还有一大爱好，这就是爬山。从家乡的碣石山到其他的崇山峻岭，李大钊都痴迷神往，流连忘返不肯离去。1913年秋天，从天津考学归来的李大钊和好友一起去登碣石山。结果，天公不作美，阴雨绵绵，原本打算攀登碣石山主峰的李大钊只好冒雨改去了五峰山，并意外游览了为纪念唐代大文学家韩愈而建的韩昌黎祠。山路崎岖，路旁奇花异草，犹如世外桃源。这是让他最难忘的一次回忆。从此以后，李大钊便与这处人间美景结下了不解之缘。他曾经几次到这里度假、避难、写作。勇攀高峰锻炼了李大钊的意志，不仅使他的志向日益远大，也使他的为人绝不苟全，他正义凛然，如同磅礴的高山屹立不倒。

二、成长

李大钊虽然出生在如此美丽的地方，但是他却有一个悲剧式的童年，似乎历史上的伟大人物的出身总要印证那句古语："天将降大任于是人也，必先苦其心志，劳其筋骨，饿其体肤，空乏其身"。李大钊出生后一年多就成了孤儿。李大钊的父亲叫李任荣，因为大伯家没有男孩，所以李任荣从小就被过继给了他的大伯。李任荣接受了严格的儒家教育，写得一手好字，15岁时娶了一个外村的姑娘周氏，周氏心灵手巧，孝敬公婆，知情达理，夫妻俩恩爱和美。但李任荣的身体很不好，长期患有肺病，当时的医疗条件比较差，没有良药治疗，只能靠静心调养，最忌讳的便是劳累过度。就在李任荣21岁的时候，乐亭发生了一场地震，地震惊醒了李任荣，他急忙跑出门外，一口气跑回家，把母亲背出屋门。由于又受惊又劳累，使他的病更重了，第二年便不幸过世了。

父亲去世时，李大钊的母亲周氏还不知道自己怀孕了，这个小生命从没见过自己的父亲。后来，周氏忍受着失去丈夫的悲痛熬过了7个月的妊娠期，生下了一个男婴，为李家延续了香火，这个男婴就是李大钊。出生便没有父亲，已算人生之不幸，但更大的不幸又接着降临到他身上，出生仅一年多，母亲因周氏连愁带病也忧郁而死了，李大钊便成了可怜的孤儿。

谁来养大这个可怜的孩子，成了当时李家的问题。祖父李如珍刚刚失去儿子，悲痛欲绝，但遗腹子李大钊的出生让他喜出望外，他给孩子取了个小名叫"憨头"。据说李大钊出生的时候，祖父恰巧在自家附近捉到一只百灵鸟，因为百灵和"百龄"发音相同，所以被认为是个吉兆，根据家乡的习俗，一般孩子的小名都与吉利字正好相反，比较好养活，因此李大钊就成了"憨头"。"憨头"的祖母却精神不大正常，心胸狭窄，除了自己的女儿"老捡姑子"以外，眼里没有别人。"憨头"的姑姑虽然结婚了，但却总盯着娘家的财产，所以对这个侄子非常地讨厌，有一次姑姑还拿起菜刀要杀了"憨头"。据说是因为李大钊在母亲死后没有断奶，祖父便请了几个奶妈，但小"憨头"就是不啃吃，偏偏喜欢这个姑姑的奶水，李如珍想让女儿给她的孩子另请奶妈，她来给"憨头"喂奶，可女儿说什么也不肯答应。李如珍气得要和女儿断绝关系，她便大哭大闹，追着说要杀了小"憨头"，幸好"憨头"的表姑救了他，争吵平息后才把他送回家中。无奈之下，已经64岁的祖父为了保住这个李家的根苗，拼出老命来也要把他养大成人，年老体弱的祖父便从此又当爹来又当妈，祖孙俩相依为命。

李大钊是不幸的，出生不久便成了孤儿，但他也是幸福的，因为垂老的祖父精心呵护他长大，李大钊逐渐感受到人间的温暖，走出自己不幸身世的阴影。小时候，祖父每天守着他，把饭嚼烂后一口一口喂到他的嘴里，一直在祖父身边的"憨头"耳濡目染，祖父那种豪爽热忱的性格也对李大钊产生了深远的影响。祖父的家里还算宽裕，李如珍曾经到东北闯关东经商，在长春万宝山一带开杂货铺，赚了些钱，那时候，东北经常有土匪出没，因为担心遭到抢劫，年过半百的李如珍回到家乡买房置地。李如珍很善良，又重义气，他给家乡捐了四百六十多吊钱，加上募集来的一千二百多吊钱，分几次买了本村华严寺门前大约十亩地作为村民的"香火地"，每年夏天，村民在香火地上搭台子唱戏，拜佛求神，保佑家乡风调雨顺，李如珍还因此得了个从九品的官衔，成了村子中比较有地位的人家。

李如珍一直抱着旧式的观念，希望孙子发奋读书，科举高中，谋个一官半职，光宗耀祖。儿子没考中生员就去世了，他的愿望落空，所以李如珍就把这个希望完全寄托在孙子李大钊身上，对李大钊的管教也十分严厉。

李大钊的启蒙教育是李如珍来承担的。李如珍不但识字，还读过像《三国演义》之类的小说。那个年代的孩子大都用《三字经》、《百家姓》、《千字文》来做课本，李大钊也不例外。李如珍把原来放粮食用的两间厢房腾出来，让李大钊在里面读书写字。"憨头"很聪明，一开始李如珍把字写在小纸片上，一遍一遍地给他读，他就边认边写，很快，李大钊就认识了很多字，成了村子里的小神童。再大一点儿的时候，李如珍就手把手地教他用毛笔写字，临摹古人的书法，此外，李大钊还学会了背诵一些古诗，慢慢地，他还能念对联了，每到别人家做客的时候，他就可以念出别人家门上的对联，晚上还能到村头念出村里的告示，在同龄的孩子中间，他是识字最多的一个。李大钊一直都是这样刻苦努力，勤奋好学。

三、读书

1895年，李大钊6岁的时候，祖父李如珍已经无法再教他了，便把他送到旧式私塾去读书，这个私塾是本村谷家办的，私塾的塾师叫单子鳌。李大钊的学名"耆年"便是他给起的，还有一个"寿昌"的表字，之所以起这个名字是怕父母早逝的命运落到李大钊身上，希望他能够健康长寿。单子鳌教了李大钊约有三年光景，便诚恳地跟李如珍说，自己已经不能再胜任耆年的教师之职了。这样，李如珍便给孙子找了第二位老师——赵辉斗。赵先生在小黑坨村张家专馆教书，找这位老师，李如珍可真是费了一番力气。张家的这个专馆是为了当时乐亭县四大家之一——张攻璞的儿子专设的，条件非常好，一般外人是不能进入学习的。赵辉斗子承父业在这里教书，而赵辉斗又恰好是李大钊父亲李仁荣的老师，他和李如珍的关系非常好，李大钊后来和赵家的女儿结婚，赵辉斗对李大钊更是格外的好，他很希望李大钊能弥补其父的遗憾，科举高中，所以非常用心地栽培他，并推荐李大钊去张家的专馆读书。赵辉斗尤其擅长吟诗赋词，李大钊跟他学了很多。两年后，祖父又给李大钊换了一个老师，叫黄宝林，这个老师曾经在北京的最高学府——国子监读过书。李大钊在祖父的督促下，在这些老师的精心培育下，养成了刻苦读书的精神，在私塾里进步很快，成绩优异。他和旧时的学子们一样，背诵四书五经，儒家学问里讲的爱国爱民、谦虚谨慎、刻苦进取等精神对李大钊产生了很大的影响，李大钊能成为伟大的无产阶级思想家，跟他早年打下的深厚学问功底是有直接关系的。

由于家中缺少帮手，已经七十多岁的李如珍，也心有余而力不足，而当地也有找年长媳妇的习俗。所以，祖父便给只有10岁的李大钊找了一个比其大5岁的妻子。她叫赵纫兰，是本村的一个姑娘，赵纫兰的父亲曾经和李如珍在东北合伙做买卖，赵纫兰的祖母也是李大钊的姑祖母，所以他们不仅门当户对，还亲上加亲。赵纫兰是一个温顺贤惠、颇识大体的姑娘，她嫁到李家后，操持家务，承担了家庭的重担，也给李如珍减轻了很大负担。赵纫兰和李大钊共同生活了28

年，共生育了9个子女，除了4个夭折外，其他5个孩子都是由她一手养大，她默默地支持李大钊的事业和生活，为李大钊奉献了平凡而又不平凡的一生。

第二节　在永平府中学堂

一、参加科举

刻苦读书的李大钊走上了科举考试的道路，1902年，13岁的李大钊第一次参加童试，因为心里紧张，结果将试卷染黑了，这在当时的考试中可是一个大失误，所以他没有考中。李大钊非常难过，李如珍看出来了，他鼓励孙子道："那有什么不痛快，再念，再考！"1905年，摩拳擦掌的李大钊再次去参加考试，这次县试他过关了，而且府试也比较顺利，但没想到的是，还没等考试结束，清朝的科举考试制度就被废除了。原来早在1901年，清政府便开始废除科举制度，在各地试验改变学制，这个学制与今天的学制很接近。大学堂设在省城，中学堂设在比省城小的府、厅、州，而在府、厅、州下面的州县设立小学堂。学堂里推行新式教育，过去的四书五经虽然还在学习，但已经可以学到从西方传来的新学问。16岁的李大钊到永平府参加第二次科举考试期间，永平府就接到了皇帝取消科举制度的谕旨，李大钊和部分参加考试的生员一起转到了永平府中学堂学习，这也是李大钊人生的关键一步，从此他真正走出了小山村，接触到了外面的大世界。

二、永平府中学堂学习

永平府位于大黑坨村北偏西59公里的卢龙县城里，它的前身是"敬胜书院"，1905年这里改为官办学堂，学堂将原来的书院和义学的院落打通，显得宽敞又古朴。李大钊入学时，这里已有两届学生大概一百六十多人，都是住校生，食宿由学堂负责安排，李大钊是第三届学生。当时处在新旧教育的衔接过渡阶段，中学堂教学内容是半新半旧，除了要读四书五经、念古文之外，还有一些生新课程是李大钊从来没学过的，比如英语、数学、外国地理、格致学。永平府中学堂的条件比较好，经费充裕，学费也比其他的私立中学便宜。李大钊在这里学习了一些现代科学知识，他是学堂里有名的好学生，每次考试成绩都名列前茅，他就如同海绵一样，在努力地汲取科学知识营养。同学都称赞他聪明、好学。学校里收藏了很多近代报刊，是李大钊课余时间最爱读的，这些书籍里有宣传维新、变革的内容，他觉得非常新颖，他的好友说李大钊在课余时间最喜欢读康有为、梁启超的文字，李大钊就是从这个时候开始认识到国家民族的命运，这个国家在近代以来遭受到的列强欺凌和耻辱——鸦片战争、义和团起义、八国联军侵华的史实让他感受到了切身的悲痛。他也开始了解到那些为改变民族命运、主张维新变法的志士们的英雄壮举。正是在这段李大钊性格形成的关键时期，他产生了朦胧的反清复汉和反抗专制的意识，并立下了报国的伟大志愿。

李大钊在永平府中学堂结识了一位好友，他叫蒋卫平，比李大钊大7岁，是一个豪爽仗义的兄弟。蒋卫平爱国爱民，以天下为己任，他对李大钊的影响非常大，两人都敬仰农民革命家洪秀全，佩服他的抗清壮举。两人常在一起议论时政，批判清政府的腐朽，他们也赞扬戊戌变法中的维新志士——谭嗣同。后来蒋卫平弃文从武，报考了保定陆军速成中学，在好友的影响下，李大钊对国家民族命运的思考越来越多，过去的私塾教育告诉他，文人学子的理想应该是"修身齐家治国平天下"，而这个时候，李大钊终于认识到治国平天下首先要解救受苦受难的祖国，国家兴亡，匹夫有责。在李大钊被捕后写的《狱中自述》中就可以了解到，他从青年时代开始就刻苦努力，致力于民族解放事业。

1907年，心怀报国之志的李大钊在永平府中学堂即将毕业，同年夏天，他在经过了深思熟虑之后决定要"深研政理"。他联络了几位好友一起去天津，当时天津有三所学校正在招生，分别是北洋医学堂、北洋法政学堂和长芦银行专修所。李大钊十分想入法政学堂，但为了把握起见，他同时报考了银行专修所和法政学堂，结果两所学校都考中了，他如愿以偿地进入了北洋法政学堂。从此，李大钊在天津学习政治、法律，并在这里走上了革命之路，他的一生都在为生民立命，为国家民族而努力奋斗，直至献出自己的生命。

第二章　天津求学 深研政理

第一节　求学津门

一、考取北洋法政学堂

天津是李大钊的第二故乡，这里是一座典型的中国半殖民地城市。城市里有乞丐，衣不蔽体，食不果腹；也有住在洋楼里的官僚士绅和外国人。李大钊在北洋法政学堂度过了人生中关键的6年。在天津，他感受到近代中国饱受外国欺凌；也是在天津，他学习了先进的西学知识和观念；同样是在天津，李大钊参与了风起云涌的政治运动。青年李大钊追随着国家民族的命运而不断地发展进步。

北洋法政学堂是当时国内第一所专门的法政学校，是清政府授命直隶总督兼北洋大臣袁世凯用盐税银子创办的，

1907年开始招生，初办时分专科及简易两科。简易科分职班和绅班两种，各150人，职班学习司法，绅班学习行政，目的是培养司法审判人员、律师和管理地方自治的行政人员。专科则以培养法政通才为主。学校面向全国招生，考试录取后先在学校学习预科3年，然后学习正科2年，总共需要6年时间毕业。而毕业成绩优异的还可以被派遣到外国留学。学校第一期招收的大都是保送的官僚子弟，这些人毕业后是准备当官的，第二期才开始用招考的办法招收学生。

学堂课程设置上比照国内一流学府——京师大学堂，内容上参照西方社会科学学科体系。分政治学内容，如政治学、政治学史、地方自治论、选举制论、警察学、外交通义、外交史、最近世界政治史等；法学内容，如比较宪法、比较行政法、中国法制史、刑法总论、国际公法等；经济学内容，如经济学史、商业通论、外国贸易论、财政学、经济学原理、应用经济学、货币论、银行论、中外通商史、国际私法统计学等近现代社会科学学科。除此而外，英语和日语也是必修科目。学校规定两次学年考试不及格的学生会被责令退学，因此学生们的学业任务十分繁重。

二、法政生活

在法政的6年李大钊过得十分清苦，学校每个月要交纳3元学费和5元伙食费，而且其他的日常开销一律自己负责，每个月还要10元左右杂费。李大钊的祖父在他考入学校后便去世了，而家中积蓄大部分被姑姑们拿去了，上学费用一度让李大钊非常苦恼而不能安心，幸亏妻子贤惠，把一些值钱的物件当了换钱或者到亲友那里去借，才使他渡过难关。

李大钊在法政学堂学习十分刻苦，他给自己改名"钊"，就是要勉励鼓舞自己。青年的强大求知欲让李大钊积极而热烈地吸取着新知识。李大钊博学超群，见识卓越，他的文章浩然大气，诗歌潇洒淋漓，为他逐步发展成为伟大的理论家、思想家和作家奠定了坚实基础。

李大钊用诗歌来倾诉着内心的苦闷和对民族命运的忧愁。到法政学堂后，李如珍去世了，爷爷亲如父母，这令他悲痛不已。爷爷去世后，家里人开始争夺遗产，使自己和妻子的生活很困难。祸不单行，他的女儿刚出生不久又夭折了。就在1907到1911这几年，晚清政权风雨飘摇，边界骚扰不断，国势衰危，民生凋敝，个人和国家的命运都十分坎坷，李大钊用凄凉的诗句表达着自己的内心："感慨韶华似水流，湖山对我不胜愁。惊闻北塞驰胡马，空著南冠泣楚囚。家国十年多隐恨，英雄千载几荒丘，海天廖落闲云去，泪洒西风独依楼"。光阴像流水一样匆匆逝去，家国的处境都很凄凉，英雄却空怀满腔的仇恨。

1911年，李大钊得知了好友蒋卫平被杀的噩耗。据说，蒋卫平军校毕业后，因为指着慈禧太后的画像痛骂，还抗议美国虐待华侨，清政府要抓他，蒋卫平就流亡到了辽东。在那儿他秘密地参加了孙中山组织的革命党——同盟会。为了预防沙俄侵略，他到东北和蒙古等地区调查，曾被俄国人抓到西伯利亚监狱，出狱后他又一个人渡过黑龙江去和俄国人交涉，最后沙俄当局竟将他秘密枪杀了。一年后，李大钊才得知这个消息，他大哭一场，写诗哀悼："国殇满地都堪哭，眼泪乾坤涕未收。半世英灵沉漠北，经年骸骨冷江头……"

李大钊才华横溢，生活中的他穿着非常朴素，为人谦和，还好打抱不平、行侠仗义，所以同学们都很喜欢他。有位老师对李大钊的影响很大，他叫白雅雨，是位史地老师，他的授课同学们很喜欢，他给同学们讲鸦片战争以来外国列强是如何欺负中国的，讲中国因为国势衰弱才是今天的样子，他告诉同学们要为国家富强而奋斗。慢慢地，李大钊发现白老师并不仅仅是一位教师，他还参加革命活动。白老师曾到滦州西面驻扎的新军中去活动，联络一些反清志士。李大钊上学回家都要经过这些地方，所以他也为白老师介绍了一些熟人，参与到活动中去，这在青年李大钊的心中播下了革命的种子。1912年1月，滦州爆发了革命党人起义，起义组织成员有冯玉祥，还有他敬佩的老师白雅雨。清政府派袁世凯调军队镇压，结果起义军在英勇战斗后因寡不敌众失败了，白老师也被捕牺牲了，李大钊一面为白老师的牺牲而悲痛，一面写诗希望"同志气相连"，革命代有后来人。

第二节 初参政潮

一、在国会请愿运动中

青年李大钊深怀慷慨报国之志，他把自己的书斋命名为"筑声剑影楼"，"剑影"象征了荆轲用短剑刺秦的背影，而"筑声"则是荆轲的好友高渐击筑的乐声，高渐也用

"筑"杀秦王失败反被杀害。所以"筑声剑影"表达了李大钊钦佩荆轲、高曾慷慨义士的壮举，他也立志要做为国杀敌、为国家请命的英雄豪杰——他走出学堂，走上街头，参加到民初风起云涌的政治运动中。

天津位于南北大运河的北端，地理位置十分重要，附近又有中国重要的食盐产地——长芦盐场。洋务运动兴起时，清政府在这里设置三口通商大臣，开平矿务局和电报总局这些洋务运动的重要企业也云集在此。为了培养专门人才，洋务派在天津陆续设立了水师学堂、武备学堂和师范学堂。1895年，袁世凯奉命在天津小站练兵，共练成军队7.8万人，这里是袁世凯北洋势力的核心。作为近代开风气之先的地方，中国先进的政治思想也在这里发源和盛行，戊戌维新运动时，严复在天津创办《直报》，他发表《天演论》，抨击君主专制制度，宣传变法维新。李大钊的政治学、法学的必读书和参考书相当一部分选取于严复翻译的西方著作。1898年，康有为、梁启超等人宣传维新，试图变革中国的政治制度，在中国实行君主立宪制。虽然戊戌维新运动失败了，但其所掀起的启蒙思潮却对当时的国人产生了很深的影响。在法政学堂，立宪思潮非常盛行。清政府为了保住自己的统治，不得不派五大臣出国考察宪政，并于1906年宣布仿行立宪，"大权统于朝廷，庶政公诸舆论"。民族资产阶级受此鼓舞，奔走联合，组成了很多主张立宪的团体，例如江苏南通人张謇在上海发起了创建了预备立宪公会，留日学生杨度将中国留学生组织起来创办宪政讲习所，梁启超在日本成立政闻社，康有为将他在海外的保皇会改为国民宪政会。一时之间，中国政治界刮起了轰轰烈烈的立宪运动风潮。袁世凯也在天津张贴告示，办起了地方自治，为了推行宪政及地方自治，他才主持筹建了北洋法政学堂。

袁世凯的这种表现让直隶省的立宪思潮迅速发展，学生们也成为国会请愿运动的主角。法政学堂的学生们也参加了请愿运动，他们齐聚大讲堂，一个叫秦广礼的学生咬破手指写了血书——"立宪救国、誓死请愿、速开国会"等字，孙可君同学竟然砍掉手臂表示请愿救国的决心。同学们激动于国家的命运，呼嚎痛哭，李大钊被选出来作为学生代表参加各校联合罢课行动。1910年12月20日，李大钊和同学们到天津公园汇合，去广东会馆举行集会，大家群情激奋，誓死请愿，不达目的不罢休，决定先向北洋大臣直隶总督衙门请愿，无结果即罢课，再无结果就运动工商界罢市、罢工。

学生们推举爱国人士——普育女学堂校长温市霖为请愿总代表，然后集体向总督署进发请愿。直隶总督陈夔龙答应代学生上奏请愿书，但清政府的答复却是驳回请愿，要求各校监督对学生进行规劝，政府还调来军队警察镇压学生请愿活动，学生请愿活动的积极分子温世霖也被发戍新疆。

李大钊在这场运动中感受到了近代政治运动的大潮，他也在运动中锻炼了自己，从此，他更加坚定要像自己的老师白雅雨一样，成为为主义、为理想敢于牺牲的大无畏英雄。

二、参加北洋法政学会

1912年，中华民国成立，万象更新，民主共和制度代替了君主专制制度，《中华民国临时约法》成为国家的根本大法，民国之所以新，在于它将西方国家的组织制度、政治运作方式运用到中国，用民主的程序制度代替皇权专制统治，用法治代替人治，用政党制度代替旧的政治独裁。弃旧扬新，新邦肇造，人们在逐步地探索实践民主政治制度的方式，力图通过政治变革来挽救衰颓的中国。研究政理实践的北洋法政学堂学生在中华民国有了用武之地，他受到鼓舞，组织学会探讨政治问题。为此，1912年秋天，以学生为主体的北洋法政学会成立了，李大钊是重要骨干之一。

这个学会大约有会员二百多名，下设评议、调查、编辑、庶务4个部，李大钊因为文笔出众被推举为编辑部长，编辑部的分工是编辑法政学会的刊物——《言治》，该刊为月刊，1913年4月1日出版，共出了6期，有专论、纪事、法令等栏目。《言治》月刊不是听命于军阀政府的刊物，不会为他们唱赞歌，而是不拘泥于党见，追求真理，思想上兼容并包，李大钊从此开始在这个杂志上陆续发表自己的政见。

三、加入社会党

李大钊也曾消沉过，袁世凯当政后，政治黑暗，国民党的领袖孙中山、黄兴在南方发动了"二次革命"，声讨袁世凯。之后，又爆发了南北战争，一时间，南北方隔绝了，音讯不通。乱局让李大钊心情很沉重，走在街上，看到算卦摊前去算命的不是想要高升的小官吏，就是一些想找点出路的妇女，国家民族的命运前途似乎没什么人关心，他感到非常孤独。他在圆明园前凭吊，在长安街漫步，看着皇帝搜刮民脂民膏修建的豪华宫殿，更慨叹社会的黑暗，忧虑国家的命运。李大钊有一段时间受到了佛学的影响，他以前接触到的谭嗣同、梁启超等人的文章中就有佛家的一些观念。但这只是李大钊在找寻国家出路时的一种痛苦思索而已，佛家要求人们"悟空"来脱离苦海，他并不认同。李大钊奉劝那些对世间厌倦绝望的人们要正视现实，主张积极入世，他要用自己的行动对社会进行改造，自己主宰自己的命运。在游览家乡的五峰山时，他还大声疾呼："那些在罪恶迷梦中的人们赶快醒来，投入到现实的生活中，为改变世界而奋斗吧！"

就在这一时期，李大钊加入了中国社会党。他把自己研究的学问和为国家奋斗的实践结合起来，投入到真正的社会改造中。李大钊通过孙洪伊的介绍认识了中国社会党北京支部的负责人陈翼龙。孙洪伊是北洋法政学校的创始人之一，思想还比较进步，在几次国会请愿运动中还担任了各省资议局的领衔代表。李大钊认识陈翼龙后，和他彻夜长谈，随后就毅然决定加入中国社会党。李大钊加入社会党一方面是受到陈翼龙的影响，一方面是他比较认同社会党的党纲。陈翼龙是一个有思想、有抱负的人，15岁便开始立下改变天下的大志向，在湖南、湖北、江苏、江西等地奔走，联络起义。他还在上海《神舟日报》做记者，利用报纸宣传革命思想，虽然与孙中山、宋教仁结识，但他并没有加入同盟会和国民党，而是在苏州和江亢虎一起创立了中国社会党苏州支部和北京支部，发展了一批党员，并积极筹建平民学校。陈翼龙和那些投机政客不同，他组党不为谋取议会席位和官位，是真正地为民族国家探索出路。李大钊也痛恨那些争名夺利的无耻小人，所以他和陈翼龙很谈得来。

　　社会党的党纲是主张改良的，其前身是辛亥革命前夕江亢虎在上海组织的社会主义研究会。社会党赞成国家统一，主张建立民主制度，赞成平等自由，发展教育和实业。但在社会改造的形式上主张改良，而不是革命。社会党对民国初期的党争和政争非常反感，这也和此时李大钊的思想颇为吻合。李大钊认为社会党不是一个小人聚集来排挤、倾轧正义人士的奸党，而是一个宣传正义、人道，真正体现民主精神的政党，李大钊被推举为社会党支部干事。但社会党成立的申请报到内务部后，却一直得不到批准，陈翼龙几次努力都没有成效，后来警察还几次来干涉社会党的活动，这样社会党的工作便无法展开了。1913年6月，陈翼龙与国民党联系，准备在北京发起反袁斗争，结果北京的警察所侦缉队得到了这个消息，将他逮捕并残忍杀害。陈翼龙牺牲的第二天，袁世凯便发布大总统令，命全国各地开始将与国民党有关系的社会党的总部、支部一律查禁。当时天津支部已经停止了活动，但李大钊却因此受到牵连，不能留在北京，也不能去天津，无奈之下，他只好回到自己的家乡躲避这场灾难。他还带着比自己低几届的学弟郭须静一起避难。9月中旬，查禁社会党风波缓和了，他又回到了北京。陈翼龙的牺牲对李大钊刺激很深，他深深地感到了革命事业的艰辛和险难，感受到不怕就义的大无畏精神是多么的可贵。李大钊即将结束6年的法政学习生活，毕业的他向何处去？去当官，那是他最为不齿的，入社会党又被迫中断，南北方还正在打仗。李大钊觉得自己的学问还有待加强，要真正深入地探讨国家的现实，为什么旧中国会民生凋敝？为什么社会有这么多不公和混乱？他要进一步地弄清楚，好为国家的未来找一条最适合的出路。

第三节　发表政见

一、探寻乱因

李大钊在这个时期发表了他的早期作品——《隐忧篇》

和《大哀篇》。这个时候的中华民国正处在军阀割据当中，袁世凯窃取政权，并对南方各省刀兵相见，妄图实现完全的统一专制。民主制度在中国确立了，但实际上却专制横行，兵争不止，民不聊生。在这两篇文章中，李大钊为国家民族的命运苦难而悲叹。他爱国爱民，痛斥专制之恶，君主为民贼，施暴政，钳制思想，压抑人的自由权利。数千年的君主制度是专制的历史，也是思想学术不自由的历史，李大钊认为，民主思想同过去的忠君封建观念是严重对立、势同水火的。李大钊认为，衡量国家政治善恶与否的标准是国家的人民生活是否幸福。所以他为新造的民国担忧，他认为民主国家不得安宁，而是陷入了混乱的境地，人民并没有从新造的国家中感受到真正的幸福，却遭受着痛苦不幸。他在文章里抒发感慨，表达了朴素的民生观念。

李大钊认为当时社会最严重的问题之一是党争。由于法律制度不健全，民国初期的政党互相攻击，虚张声势，搞阴谋，造谣言，混乱不堪。李大钊认为此时的党争是个人的意见之争，不是为国家前途而争。政党大多依靠军事力量，骄横豪暴，有些则更是乌合之众，拥戴一两个旧社会的党人或者万恶的官僚，却号称是稳健派。本来是蛮横躁妄的暴徒，却说是急进主义者。如果考察这些政党的党纲，似乎都是要强国，造福人民，但却没有党德，嘴上说代表人民，实际上却是花天酒地，挥霍民脂民膏，对人民有害无益。

与批评政党政治相对应，李大钊还批评了各省都督以权谋私，纷乱割据。民国初期，中央和地方的权限划分一直是一个涉及到权力斗争的关键问题。各省起义独立后，都推戴了本省的都督总揽军政大权。袁世凯做了大总统后，这个问题一直悬而未决。李大钊认为，各省的土地都属于国家，都督不能据为己有，各省都督拥兵自重，以拥护民权、各省自治为借口抗拒中央，事实上是地方割据，对于民主制度和人民来说，这是没有好处的。一个君主变成了数十个专制的都督，行为犹如盗贼，这样下去，国家必将分崩离析，政潮、兵争不止，民主制度、法律的尊严都将不复存在。他坚决主张军政、民政分开，具体应是由中央收回军权，中央在地方设置省尹，而且凡是担任过都督的，不能做省尹。他提出，不以行政区划来划分军区，以防止形成各地驻军内轻外重的情况。并且，废除都督后，应该妥善解决兵源质量和军费使用问题。为此，要整顿全国的警政，把警察变为全国主要的治安力量，还要整顿军队，裁汰老弱，杜绝吃空饷的现象。

李大钊在这里探讨了国家混乱的根源，但他还没有看清楚袁世凯的本来面目，至少还没有看清其专制的险恶用心，所以他也批评了资产阶级革命派。

民国初期政治的乱象让李大钊痛心不已，苦苦思索出路。"国贼"袁世凯一步步地暗行专制，剪除异己。1913年3月20日深夜，国民党重要领导人宋教仁因主张"议会政治"和"政党内阁"，在上海火车站被歹徒开枪造成重伤，最后不治而亡。李大钊对宋教仁非常有好感，他称宋教仁是"当代贤豪"，得知他被杀的不幸消息后，写下了《暗杀与群德》一文来表示哀悼。他在文章中大声疾呼，"民国以来人人都缺乏义务心，对国家民族缺乏责任感，暗杀才会横行，光天化日之下犯下滔天罪恶，这是一种不良政治，以暴易暴，民众不会得到真正的幸福"。那怎么样才能去除暗杀这样的暴行，民众如何才能幸福呢？李大钊这个时候还没有完全树立革命的思想，他希望用"忏悔"的方式去感化暴徒，动之以情，晓之以理，让暴徒自己走出黑暗，也就是要收拾人心、振奋群德。也正是在这段时间，李大钊接触了托尔斯泰的思想，他翻译了一本日本人介绍托尔斯泰思想的书，编辑成了《托翁言行录》。托尔斯泰认为，在西方科学发达的社会里，少数人借助国家权威，控制科学，对大多数的底层民众剥削压迫，这种所谓的文明其实是少数人对多数人统治的虚伪文明。因此，革命势必发生。但托尔斯泰并不赞成暴力革命，他认为劳动是最大最初的善良，没有劳动就没有人生，离开劳动，人类只能陷入迷途。劳动本来是没有痛苦的，之所以人们会感到痛苦，是因为国家制度规定了一部分劳动者受到另一部分人的掠夺。在托尔斯泰的社会理想里，人人都应该半工半读，半日劳动获取基本的物质生活资料，半日用来消遣和精神活动。李大钊深受托尔斯泰的影响，他在这个时期所发的议论多源于对理想社会的渴望，他批评暗杀之风，渴望通过正心达到善的境界。他和托尔斯泰一样，希望人们过着崇高的劳动生活，这或许与李大钊从小的劳动生活有关系。他没有因为西方的民权思想而抛弃传统的思维方式，也非常注重道德情操的陶冶，这也是李大钊能接受马克思主义的重要思想基础，青年李大钊的理想是国家能够统一稳定，人人劳动，家家幸福以及社会和谐。

二、矢志爱国

对未来美好的理想追求和民族的现实形成了强烈反差，

生在民族危机深重的年代，李大钊形成了很强的民族意识。李大钊是痛恨满清王朝的。在他的家乡乐亭县，大片肥沃的土地都被满族旗人占了去，老百姓只能得到十分之二的好地，其他都是水洼沙滩，一旦灾害发生，老百姓就没有收成，交不起租钱，糊口都成了问题。这种亲身感受使李大钊对满汉之间的民族意识非常强烈，所以李大钊崇敬洪秀全。1912年中华民国刚刚成立的时候，李大钊非常高兴，他写诗来表达自己的喜悦："江山依旧是，风景已全非。九世仇堪报，十年愿未违……何当驱漠北，遍树汉家旗"。另一方面，他也对外国的侵略非常关注，当时日本和俄国对中国都野心勃勃、蠢蠢欲动。尤其是日本，有一个叫中岛端的人写了一本《支那分割之命运》，鼓吹侵略中国，说日本单单占领福建是不够的，福建太穷，日本应该占领江、浙等富裕的省份，南满铁路是日本人的，日本应该沿着这条铁路线，把河北、山西都占领，日本人要将自己的势力范围扩大到黄河。李大钊和法政学会的同学翻译了这本书，让国人知道日本的侵略野心，李大钊还写了几万字的"驳议"，他大声疾呼："燕赵的健儿何在？""绝不让日本强盗入我中华一步！"这本书在国内流传很广，给国人敲响了民族危机的警钟。

李大钊非常敬佩那些爱国者、民族志士和民族英雄，这也是他爱国感情的来源之一。比如明末的朱舜水就是他十分崇敬的人。朱舜水是浙江绍兴府余姚县人，明朝亡国后，他发誓不做清朝臣民，独自流浪到日本、越南等国，又几次返回祖国组织抗清活动，郑成功还邀请朱舜水参加北伐。李大钊在《言治》月刊上介绍朱舜水的事迹，包括他的早年经历、性格人品以及在日本的活动交往等情况。李大钊深感朱舜水的民族气节，说他虽然流落日本、越南，但却一日不忘恢复中原。他一生都用朱舜水的精神勉力自己，矢志于为民族解放事业而奋斗。

第三章　求学东瀛

第一节　留学生活

一、成行

1913年夏天,李大钊得到了孙洪伊和汤化龙的经济支持,得以去日本留学。这也是李大钊人生中又一个重要的转折点。孙洪伊一直很欣赏李大钊,李大钊也因他在政治活动中比较进步而亲近他。他是直隶天津人,曾是直隶资议局的议员,他和张謇是清末国会请愿运动的主要组织者。民国成立后的许多政党都是孙洪伊组织的,比如共和建设讨论会、民主党等,最后他加入了进步党。李大钊在北洋法政学会做《言治》月刊的编辑时,发表了许多有影响力的文章,国内各报刊纷纷转载,孙洪伊对李大钊的印象很深刻,之后,经孙洪伊介绍，李大钊认识了刚刚当选为国会众议院议长的汤化龙。汤化龙曾留学日本，担任湖北资议局议长，武昌起义后，担任湖北军政府政事部长，后与梁启超组织进步党。他们都是晚清立宪派的代表，后对清政府失望，转而支持民国政府，是民国初期政坛有影响力的人物。当时李大钊接到了日本同学邀请他去留学的信，但苦于没有经费不能成行。汤化龙对李大钊也十分赏识，得知此事后，决定资助李大钊留学。1913年冬天，李大钊经过几个月的准备，出发前往日本。

那个时候在日本的中国留学生非常多，一方面近代以来的中国因落后而常常挨打，一方面昏庸的清王朝还在守着泱泱大国的自尊，固步自封，结果民族危机日益严重，使得一些有识之士想到要向外国学习，随后清政府也开始选派留学生到外国。因为日本离中国近，而日本原来和中国一样受到外国的欺凌，但它通过明治维新崛起成为先进的国家，日本文化又和中国非常接近，所以很多知识分子都去那里寻找救国救民的真理，并在他们中间产生了一批批的中国革命家。这些人宣传革命，宣传共和思想，许多爱国运动就是在留日学生群体中开始的。比如1903年，为了反对俄国侵占中国东北，留日学生发起了拒俄运动。另外，中国资产阶级革命派的政党——同盟会也是在日本成立的。

二、学习生活

李大钊就读的是日本早稻田大学，由于这里培养了大批中国留学生，所以在中国人中间非常有名气。清政府为了管理在日留学生，在日本设立了"清国留学生部"，而1906年，美国教会在美国驻日大使的协助下，在东京也建立了中华留日基督教青年会。1907年，该会在早稻田大学设立了分会，分会距离早稻田大学非常近，从早稻田大学出发向南走500米，就可以看到山坡上有一幢欧洲风格的教堂式建筑，这就是基督教青年会的分会所在地。李大钊初到日本就住在这里。

初到日本，李大钊先从语言学习开始，他跟青年会的英文老师学英语。当初，汤化龙资助李大钊来日本还有一个请求，那就是照顾他的儿子汤佩松学习。汤佩松是一个典型的公子哥儿，不好好学习，每到周六的下午，他都会被安排到青年会跟李大钊学习两个小时，向李大钊汇报学习情况。李大钊是一个温和又热情的老师，他对汤佩松不肯好好学习非常焦虑。有一次，李大钊严厉地批评了汤佩松，斥责道："你根本就没有好好听，既然如此，有什么必要浪费这个时间呢！……你也许认为你家有钱，不在乎，但有钱不能给你增加光彩，也不能让你随便浪费，像你这个样子，钱等于扔到海里去了"。汤佩松听了深受触动，此后开始努力学习，后来，汤佩松成为了中国著名的植物学家，他还是美国粤汉霍普金斯大学研究院的博士和中国科学院学部委员，这一切都要归功于李大钊及时的批评和鼓励。

李大钊是在1914年9月8日进入早稻田大学政治经济系学习的。在一年的时间里，他主修了国家学原理、应用经济学、经济学原理、近代政治史、民法要论、刑法要论、英文练习和日语作文等，加起来有十余门课程。第二学期他又选修了国际法、政治学史、社会政策等课程。李大钊第一学年的成绩中等，期末考试在全班106名同学中排在第40位，成绩为丙等。对于没有经过预科学习的李大钊来说，还算欣慰。1916年1月，为了讨袁，李大钊专门从日本横滨回到上海，在上海停留了两周后，又匆匆赶回日本，结果因为这一段时间他没有去课堂上课，早稻田大学将其除名了，就这样李大钊被迫结束了留学生活。

第二节 探讨民主 为反对专制而战

一、探讨民主

李大钊在日本的生活是丰富而充实的，写文章是他表达自己政见的一种常用方式。他刚到日本的时候，就见到了一个仰慕已久的著名学者——章士钊。章士钊是湖南人，曾经是上海非常有名的进步报刊——《苏报》的编辑，也主编过《国民日报》，是享有盛名的报人。章士钊的政治主张和同盟会并不完全一致，所以他自己另外办了一个《独立周报》，目的是要不偏不倚地独立发表政见，他也激烈地批评民国初期的党争是没有党德的。宋教仁被刺杀后，章士钊迅速投入到了反袁斗争中，参加了"二次革命"，失败后，他被迫逃亡日本，在日本创办了非常有影响力的月刊《甲寅》。李大钊到日本后，在这个杂志上看到了章士钊的文章，非常喜欢，他给章士钊投稿，章士钊看后很欣赏，还按照来稿的地址给李大钊回了封信，约他见面。第二天李大钊就去《甲寅》编辑室见了章士钊，二人一见投缘，从此结为好友。章士钊认为李大钊才识过人，而人品、道德比学识还要高。他在《甲寅》上刊发了李大钊的《风俗》一文。从此，李大钊开始不断地在日本的一些进步杂志报刊上发表政见，探讨国家的出路。

西方政治理论的熏陶使李大钊树立起了对民主的信仰，他拥护民主，反对专制，尤其反对军阀割据，且对暴力政治深恶痛绝。他认为，政治生活中有两种力，一种是暴力，一种是民力，专制政府使用暴力来镇压人民，必将灭亡，比如袁世凯之流。而民力应该是革命者拥有的，革命者应该积极倡导民力，实行国民教育。他尤其呼吁知识分子要代表人民群众，不能盲目地攀附权贵，要认清什么是正义，这样才能真正实现民主。

对于民主宪政，李大钊将思索的焦点对准了宪法。他认为一部好的、不带任何偏狭的宪法是保持国家稳定、人民幸福的基础。这部宪法应该不受时间和地域的限制，更不应该被某一派势力或团体所垄断。宪法的制定应该反映时代的发展，要随着人们生活的进步、观念的变化和时代的发展而不断变化。

二、驳斥古德诺，反对袁世凯专制

就在李大钊留学期间，袁世凯加紧了独裁专制的步伐。他先是在1914年5月，公布了新《中华民国约法》，否认中华民国临时政府时期制定的《临时约法》，这个所谓的"新《中华民国约法》"要在中国实现大一统，其实就是袁世凯独裁专制的统治，多少仁人志士用鲜血换来的民主国家就这样被袁世凯给退回到了专制统治。袁世凯还找了两个外国人来帮他制造独裁理论。一个是美国人古德诺，一个是日本人贺长雄。古德诺是袁世凯的法律顾问，他说，"中国与西方的国情不同，所以不能立刻实行西方式的民主政治，中国人民没有参政的常识，没有经过民主政治训练，甚至没有自主的参政要求。中国人虽然反抗暴政，但是习惯了秩序和守法。而一个国家要建立稳定的秩序，就需要强有力的政府，西方的民主制度不是优先选择，内阁制也不适合中国"。古德诺主张改变内阁制为总统制，这明显是为以后袁世凯独裁铺路。许多要求维护共和的知识分子对袁世凯的独裁专制复辟倾向都非常不满。李大钊也在《甲寅》杂志上发表了《国情》一文批驳古德诺的言论。

李大钊认为，外国顾问古德诺的观点是根据外国的国情，而不是中国国情，国人为之奋斗的西方民主制度正是为了避免国家混乱，失去秩序。他说："共和国民的精神，就是服从法律和反抗苛政，所以古德诺的担心是不必要的。而古德诺的言论就像是为专制招魂，现在民主刚刚兴起，又要恢复到所谓的'总统制'强有力政府，那么革命志士的努力岂不是付之东流。"李大钊在批评古德诺的言论中，提到了中国人的经济状况跟民主政治的关系问题。他慨然道："中国是不富裕，但是生活水平不比日本差。"按照古德诺的逻辑，为什么日本人有参政能力，中国人就没有？李大钊批评古德诺的这种思维即用经济和政治之间的关系来说明政治问题，为他以后从经济的角度出发接受马克思主义经济学，接受阶级斗争学说奠定了思想基础。

三、反对"二十一条"

"二十一条"是日本政府向袁世凯提出的侵略中国的要求，日本妄图通过"二十一条"从中国攫取巨大的利益：日本要中国政府承认日本接收德国在山东的一切权益；中国还必须承认日本在"南满"和"蒙古东部"享有特殊权利；

中国的沿海港湾和岛屿不能出租给其他国家；中国政府必须聘请日本人担任政治、财政、军事等方面的顾问；日本人在中国开医院，建寺庙和学校，中国人要给予这些设施的土地所有权；中国人还要将若干铁路建筑权给日本。这是个赤裸裸地灭亡中国的条约。袁世凯也知道这是对中国主权的巨大损害，不敢轻易答应日本。他偷偷命人向报界透露了部分内容，以此来抵制日本。这个消息一经披露，举国震惊，尤其是爱国学生，纷纷走上街头，召开大会，声讨"二十一条"的丧权辱国之举。当时在日本的三千多名中国留学生也召开大会，学生们群情激奋，要求政府立刻拒绝"二十一条"，抵制日货。会后还立即选出了一个中国留日学生总会，并派代表回上海敦促召开国民大会反对"二十一条"。学生们发表了《泣告全国同胞书》，字字血泪，声声呼号。李大钊也英勇地参加了这次斗争，他用他的一杆毛笔为同胞请命，在《警告全国父老书》中为祖国大声疾呼："战云四飞，倭族乘机，逼我夏宇！"举国的父老兄弟姐妹十几年来一直不忘的亡国之祸现在又来了，噩耗传来，军人变色，学生愤慨，农夫激怒，凡是有血气的中国人莫不痛心，凡是忠义的民众，莫不愿为国家而死。留日的学生虽然身在异国，但也怀着爱国的心，为亡国之辱仰天悲愤。现在应该有破釜沉舟的决心，一旦祸患来临，国家陷入绝境，我四万万同胞当"出其丹心碧血，染吾黄帝以降列祖列宗光荣历史之末页！"

李大钊在这种饱含激情的疾呼之余，还有理性的分析，他运用自己所学到的政治学知识，分析中国的国际形势。李大钊认为，中国一直处在"待亡"的状态，之所以没有立刻亡国是因为帝国主义列强在中国形成了均势，谁都不能完全地压服谁。中国的领土又十分广大，一国无法独吞，所以中国才能够像现在这样苟延残喘。但中国的民族危机深重，列强总是想趁机侵略中国，日本的行为就是赤裸裸的侵略行径，是强盗逻辑，是不义、不仁、不智、不勇、不信的行为，中国人要对日本的这种贪婪、卑鄙、无耻下定决心抗争到底。他也提醒国人，中国不甘亡国，日本又总想侵略中国，所以双方必将决裂。

虽然透露了部分"二十一条"消息给民众，但袁世凯仅仅是想借民众的力量来讨价还价。中日两国经过数月的反复交涉，日本政府于1915年发布通牒，要求除了第五条可以协商外，其他条款必须48小时内答应，否则就要采取必要手段。同年5月9日，经袁世凯批准，中国政府外交部长陆征祥、次长曹汝霖和日本政府正式签约。条约签订后，举国都处在屈辱和亡国的悲痛之中。面对中国外交的现实，袁世凯的卖国行径让李大钊更加看清了他的丑恶嘴脸，他开始走上了坚决反袁的道路。李大钊再次刊文提醒人们注意日本的野心。这次他主要是对中日甲午战争和日俄战争进行回忆，让人们记住国耻，卧薪尝胆，挽救民族危机。李大钊的这些文章既显示了他对中华民族绝不会亡国的信心，也表达了他对祖国的一片赤诚之心。

四、接触社会主义

早稻田大学集中了一批知名的教授，其中一些人具有进步的学术观点和思想，安部矶雄就是其中之一，他是日本社会民主党的创始人，在早稻田大学以社会主义的角度讲授经济学，李大钊便是通过他感受到了社会主义的气息。安部是一个虔诚的基督教徒，所以他理解的社会主义侧重于精神方面——社会主义应该是人类友爱团结，和宗教紧密融合在一起的。安部给李大钊上过选修课，讲都市问题，他的思想给李大钊留下了深刻的印象。李大钊也常到安部的住处向他请教，这位老师对李大钊的影响很大，李大钊后来成为中国最早一批热情地讴歌社会主义、俄国革命、研究马克思主义的伟大革命家，与其是密不可分的。

第三节 "民彝"思想与青春宣言

一、形成"民彝"思想

袁世凯在一步步地完成了专制之后，又要黄袍加身，复辟做皇帝。他的顾问古德诺再次在舆论上为他鼓噪，搞了一个《共和与君主论》，说中国人几千年来还是习惯了君主统治，中国人的文化程度低，也不关心政治，更没有参政能力，所以要有君主来帮助国人。国家的体制一下子由专制变成共和，速度太快了，会产生不良后果。如果实行共和制，在总统继承问题上势必要造成混乱，所以中国还是采取君主制比较好。有外国人宣扬，中国人也有跟着鼓吹的。曾经担任中国留日学生总会干事长的杨度联合了几个人发表了一个《发起筹安会宣言书》，说这几年国家仍在经历危险，人民已经倍感痛苦，古德诺博士已经给了忠告，中国不能不听从劝告。杨度组织了一个筹安会研究中国的前途，最后得出的结论是中国该实行君主制,而不能实行共和制。为什么呢?因为共和制实行的这几年,中国不但没有强大,反而连年战乱,实业凋敝,国家衰弱。而且中国不具备实行共和的条件,民众缺乏民主共和的知识和心理,也没有什么法律和平等观念,不先实行专制,就没办法实行立宪。他的逻辑就是先君主才能立宪,立宪才能富强,富强才能救亡。杨度的这套理论使袁世凯欣喜若狂,他说杨度是"旷代逸才",因为这正和他想要复辟做皇帝的想法相吻合。

筹安会开始在各地进行组织讨论国体的问题,结果各省的代表团体投票表决主张君主立宪。文武官僚也组成请愿团,一时间复辟帝制之声甚嚣尘上,袁世凯在所谓"国民代表会议"和日本、英国等国家的支持下,被"一致"拥戴为皇帝。1915年12月13日,袁世凯接受百官推戴和朝贺,并将民国五年改为洪宪元年,帝制复辟了,皇帝又出现了,辛亥革命的成果被一扫而空。袁世凯的倒行逆施使举国上下为之愤慨,孙中山组织一部分国民党人在日本成立了中华革命党,坚持武力讨袁,黄兴也组织了欧事研究会,联络各派反袁。梁启超在《京报》上发表反对君主制的《异哉所谓国体问题者》,云南都督蔡锷等在云南、上海掀起反袁起义,反袁的护国战争在各地展开。

日本的中国留学生也开始了反对帝制的活动，一些人开始回国参加护国战争，一些人募捐筹款，奔走呼号。作为进步青年的李大钊对民国初期混乱政治虽然感到失望，但却从来没有对共和民主制度产生怀疑，更不赞成复辟帝制，李大钊在这段时间里浏览了很多报刊，学习了许多西方政治和社会科学家的著作，通过学习他坚定了民主信仰。同时面对军阀乱政，他高举革命的大旗，决心推翻专制势力，他开始积极地投入到反袁的斗争中去。

李大钊参加了中国留日学生总会，好友高一涵在文史委员会做委员长，因为文笔好，李大钊成为了文事委员会的编辑主任。他在该会中负责主编留日学生总会的机关刊物——《民彝》杂志。李大钊在这个杂志的第1期上发表了《民彝与政治》一文，一面声讨袁世凯复辟帝制的罪行，一面阐述他的民主政治思想。李大钊也在这个时期形成了他的民主主义思想——民彝政治理论。

彝在古代是一种盛酒的器具，这里是指一种精神、理想、观念的集合。按照清华大学刘桂生教授对李大钊"民彝"思想的理解，"民彝"应该是指一个民族的全体人民在其历史发展过程中，通过其社会生活实践所形成积累起来的全部智慧、才能、德性的禀赋。随着时代的发展，民彝会越来越丰富，越来越成熟进步。而李大钊所探讨的民彝主要是政治观念的集合。

为什么要讨论民彝呢？因为袁世凯这样的窃国大盗凭借自己强横的兵力和所谓的圣人智慧破坏了民族的风俗根本，也就是没能体现民族群体的真正精神意识。袁世凯所实施的政策法令，没有一项不是违背人民的好恶感情的，他强迫人民做自己不认同的事，是极端暴虐的政治，中国政治中人民的良好天赋，也就是民彝，慢慢消亡了。为此，讨论民彝就是为了要批判这种政治，并在中国政治中确立真正的民彝精神。

李大钊认为，治理国家的正确做法是顺应民彝，稍微地对民众加以正确方向的引导，如果超过这个限度，那统治者就是越俎代庖的行为。自由是民彝的核心，如果一个政治是好的，那就会把民彝中的善良和智能充分地展现出来的。民彝事实上所表达的是对袁世凯专制政权的痛恨，是对西方民主自由思想的追求。为了达到这个目标，中国人应该有不怕断头流血的精神。

中国的民彝不发达，因为中国有长久的历史，人们总是在顶礼膜拜古人，忘记了自己的使命和理想，所以本身固有的民彝便不会表现出来，也不敢表现出来。而人民对于英雄，对于伟人则有一种习惯性的依赖心理，人们总是期待有一个为自己做主的强者出现，像拿破仑式的人物。但出现的却是袁世凯，他的专制之祸给人民带来了惨痛的祸患。袁世凯专制，不在于袁世凯本人有多高明，而在于人民对他有依赖心理，这种依赖心理不去除，就没有民主。李大钊用民主宪政的原理，对中国的历史和政治现实做了深入剖析，同时也为人们在实际政治生活中反对袁世凯专制，打破束缚，实现真正的民主政治指明了前途和方向。

这个时候，国内的反袁斗争仍在继续，李大钊认为反对专制、再造新中华的进程不可缓，所以决定回国。1916年5月，他回到了祖国。

二、呼唤青春中华

1915年9月，陈独秀在上海创办《青年杂志》，第二年改为《新青年》，从此在中国掀起了改造国民性的新文化运动。陈独秀认为改造国民思想的对象主要是青年，国家的希望都在青年人身上，青年是社会中的新鲜活泼的细胞，青年应该有自主的、进步的、进取的、世界的、科学的思想观念。青年应该同腐朽者作斗争，应以饱满的热情建设新社会、新家庭和新民族。陈独秀号召青年的文章在国内的青年人和日本留学生中间引起了很大的反响。袁世凯复辟帝制激起了李大钊的革命意识，陈独秀的文章则给李大钊很大启发，他也写了《青春》一文，这篇文章成为了革命民主主义者的宣言书，他为青年描绘了一幅认识宇宙人生的图景，激励青年认识自身的价值，树立爱国奋进的信心和决心。

青春是无尽的。青春蕴含着无限的生命活力和再造能力，所以虽然生命有限，但青春却无限，生命虽然有限，但从生到死，从死到生，人的知识、情感和理性却是无限的，这些是再造青春精神的主体，这种再造可以让人类永久保持青春。袁世凯可以被消灭，新的充满青春活力的中华民族可以再生，要依靠宇宙无尽的青春精神。其实李大钊所说的青春精神就是无穷的生命力，他在这里还提出了唯物主义的世界观——宇宙间万事万物是不断变化的，青春的进程变化是相对的，而青春无尽是绝对的。

青年拥有无敌的青春。青年人应该树立积极进取的"青春"人生观，以天下为己任，不断锻炼自己，要拥有奋斗精神，奋斗的精神是生命活力的表现，所以青春就是生命的活力。天行健，君子以自强不息。李大钊希望青年人时时刻刻保持独立的气魄、锐意进取的精神。宇宙无尽，青春无尽，每个人都应该以有限的生命创造无尽的美好青春。

青年人应该起来冲决旧的制度网络，和传统思想决裂。阻碍人们创造新国家的是历史的桎梏，青年人应该摆脱陈腐学说的束缚，涤荡历史的污秽，摈弃虚伪机械的生活，不求那蝇营狗苟的个人利禄，不受权贵的支配，应该背向黑暗冲向光明，乘风破浪，为世界和人类造福。

这篇文章充满了蓬勃向上的革命进取精神，它激励了中国的广大青年，这种一往无前的革命英雄气概使多少青年人深受鼓舞，吴玉章曾赞颂李大钊："'青春'之气，万古长青！"

第四章 回国办报

第一节 倾心民主

一、《晨钟》与青春宣言

国内的政治形势在1916年因袁世凯取消洪宪帝制年号发生了变化，护国军和袁军此时已暂时停战，举行谈判。护国军的要求是保留袁世凯总统的职务，但要重新召集民国元年设置的参议院、众议院，由参众两院开会解决总统问题，同时要求恢复南京政府时期的《临时约法》。此后不久，广东、浙江又宣布独立，云贵粤浙四省成立了军务院和袁世凯政府抗衡。四省宣布，袁世凯已经失去了成为民国总统的资格，国家应该由军务院来管理。除了南方的抗衡，北洋"集团"内部也开始分化，江苏将军冯国璋是袁世凯的心腹，而且是袁世凯的得力干将，但他为了自身的利益决定不赞成实行帝制，几次拒绝了袁世凯给他的"征滇总司令"的职务，并且暗中和南方及上海的反袁势力联络。护国军方面本要推戴原来的副总统黎元洪继任大总统，但冯国璋不赞同，便联合张勋等人提出召集国会、组织新政府、大总统一职仍由袁世凯担任的主张。冯国璋还发起南京会议，邀请未独立的各省代表参会商议他的主张。

赏识李大钊的汤化龙和孙洪伊与冯国璋关系比较密切，汤化龙辞去教育部长兼学术委员长，到上海去游说冯国璋脱离袁世凯独立。孙洪伊借着开南京会议的机会，组织了一个小型研究会。李大钊便参加了这个研究会，但研究会没有讨论出什么结果，南京会议也没有对时局产生重要的影响。而李大钊猜测的冯国璋和袁世凯有可能在长江流域大打一仗，结果也没有发生。不过政局却急转直下，发生了戏剧性的变化。继南方几省独立后，四川将军陈宧和湖南将军汤芗铭也先后宣布独立，脱离袁世凯，本已忧郁成疾的袁世凯遭到此致命一击后，于1916年6月6日不治而亡。随后，原副总统黎元洪继任大总统，恢复了民国初期的《临时约法》，废除了新《约法》。按照《临时约法》的内阁制规定，由总统黎元洪任命段祺瑞为国务总理，组建了新内阁，政府还宣布恢复当年8月1日以前召开的国会，制定的新宪法，而且要惩办帝制祸首。政局的这种重大变化为各个党派重新参与政治提供了很好的机会。当时，孙洪伊当选新内阁成员，汤化龙等人则在北京筹办了一份报纸，由此想到了文笔优秀的李大钊，便请他来做编辑工作，受汤化龙之邀，李大钊开始北上创办报纸。

这份报纸的名称为《晨钟》，李大钊做编辑室主任。他把这份报纸当成了宣传自己青春中华理想的阵地。因为当初党争的恶劣局面，使人产生了对政治的恶感，一些人标榜不党主义，所以汤化龙在报纸创办之初也说，言论要绝对自由，不逞党派的私利。

1916年8月15日，《晨钟》报面世了，这是一个宣传新政治主张的报纸，在报上经常刊登中西方谚语和名人名言的内容，比如王阳明的"但求同于理，不求异于人"、范仲淹的"国家兴亡，匹夫有责"、杨继盛的"铁肩担道义"等。《晨报》的主要栏目有评论、译丛、国内外新闻、文苑等。李大钊的第一篇文章就张扬他的青春中华理论，号召人们觉醒，为建造新国家而努力奋斗。他热情洋溢地写道："一天有一天的黎明,每个人都有自己的青春,国家也有国家的青春,今天,白发苍老的中华快要死亡了,而青春的中华还没有孕育,黄昏已过去,但黎明还没到来。这个国家百废待兴、需要重建的时候,我希望通过这个'晨钟',期待我慷慨悲壮的青年,活泼的青年保持迎接黎明的朝气,希望用这个'晨钟'撞醒民族的自觉。青春中华,不要姑息拖延,空误光阴,不要荒废青春,沉睡的中华应该醒来了。"

陈独秀在《新青年》吹响了新文化运动和思想启蒙的号角,李大钊在《晨钟》报也发起了启蒙的号召,他向青年发出了自觉奋起的呼唤。他在《晨钟》报上发表的一系列短文都是围绕着青年的主题。他用尼采的超人哲学、英雄主义赞美理想和理智,号召青年抓住袁世凯死后青春中华再造的时机,以"断头流血"的意志,百尺竿头,更进一步,砥砺青年人的气节,培养青年人的意志、精神和品格,鼓舞青春中华运动,用"晨钟"撞醒沉睡的中华。他高唱人格的权威,号召青年为人权奋斗,为同胞奋斗,为农民大声疾呼,不为金钱折腰,不为富贵屈服,不为专制权威所屈服。

其时政局在袁世凯死后陷入了府院之争,国务总理段祺瑞和大总统黎元洪矛盾也愈来愈深,南方势力和国民党支持黎元洪，而进步党和北洋军阀则支持段祺瑞。此时，汤化龙支持进步党，孙洪伊则倾向于国民党，两人之间也出现了矛盾裂痕。汤化龙此时任众议院议长，他组织进步党人成立了一个"宪法案研究会"，还和王家襄组织了"宪法研究同志会"，暗中支持段祺瑞，反对国民党。后来"宪法案研究会"和"宪法同志会"又合并为"宪法研究会"，此为"研究系"。孙洪伊则公开和段祺瑞抗衡，抗议其亲信徐树铮。当时有三大组织，一个是中华革命党的议员组成的"丙辰俱乐部"，一个是从进步党中分化出来的"韬园系"，还有一个是由国民党的稳健派组成的"客庐系"，三者组成"宪法商榷系"，此为商榷系。由此，国会中便形成了复杂的商榷系和研究系的对立。李大钊的两个恩人汤化龙和孙洪伊之间的个人矛盾不断尖锐化，使他陷入了两难境地，李大钊在个人思想上偏重孙洪伊，汤化龙对李大钊不在文章中攻击孙洪伊自然是不满的，所以，李大钊只好辞职了。

二、在《宪法公言》

1916年9月5日，李大钊发表了与《晨钟》报脱离关系的启示。恰在此时，旧国会组织的宪法会议正式开会，它的第一项任务就是组织制定新宪法。

宪法是民主国家的根本大法，李大钊尤为重视宪法制定工作，他认为这是国家命运攸关的大事，也是再造共和的根本，有神圣的宪法会议，才有善良的宪法，有善良的宪法，才有强固的国家。他认为宪法有好宪法和坏宪法的分别，好的宪法可以给人民造福，而坏的宪法却祸国殃民。他对制订善良的宪法并不乐观，害怕重蹈民初的覆辙，因宪政被扭曲而失败。作为坚定的民主主义者的李大钊用创办刊物的方式参与到制宪工作的讨论中，目的是为新造的中华民国制订出一部善良的好宪法。他和好友白坚武、高一涵、秦立庵和田克苏商量创办了一个新的刊物叫《宪法公言》。这个刊物的主要目的是阐发宪法的精义，在中国掀起法律思潮，反对专制，朴实说理，不偏激，不空谈，期望能让中国出现一部尽善尽美的民国宪法。《宪法公言》的经费是募捐得到的，单是秦立庵便捐了2000元，孙中山、唐绍仪、孙洪伊、李庆芳、彭介石都给该刊物捐了款。李大钊是主要撰稿人，刊物的经理是秦立庵，主编是曾任北洋法政学会会长的田解。

李大钊在创刊号发表《国庆纪念》一文，主要阐发制定宪法的重要性。他说，"宪法是自由的保证书，国民用生命换来的宪政，需要宪法来保驾护航。无数先烈为宪法付出了自己的生命，黄花岗七十二烈士的英魂，辛亥革命牺牲的革命者，'二次革命'烈士的芳骨，护国战争的英灵都是为了伟大的宪法精神在中国扎根。国民需要一部最好的宪法来实践伟大的民主宪政精神。"随后，李大钊在《宪法公言》中发表的文章，探讨了有关宪法的各个方面的问题。

　　首先是关于制定宪法的基本原则。李大钊认为，在制定宪法的过程中，有两种力量，一种是支持的力量，比如国民党的稳健派和激进派。一种是不支持力量，他们不愿意服从宪法，比如段祺瑞或者像张勋操控的"督军团"。李大钊探讨了那些不愿意服从宪法的势力，以及要不要在宪法中加以防制的问题。他认为宪法应该无偏狭，应该调和、维持各派势力的平衡。因此不必在宪法中列出防制对抗势力的内容。宪法的力量不在于宪法本身，而在于人民对宪法的心理，如果一种力量在宪法中不给其存在的空间，但它还是要通过其他渠道表现出来的。如果宪法都是代表人民的，它就需要在宪法中表现自己的正当权利。但如果这个宪法不代表人民的权利，那么那些对抗势力与宪法为敌时，人民肯定不能依靠宪法，而是用其他方式来制服对抗势力，这种方式有可能是流血的革命。人们在护国战争中用武力来制服袁世凯就是典型的例子。从这些观点来看，此时的李大钊在政治思想上已经成长为一个革命民主主义者——人民革命就是为了捍卫人民的宪法，反对专制，保卫民主。

第二个问题是宪法需要采用成文和不成文哪一种形式。成文宪法是宪法中用非常明确的条文来规定权利和义务。不成文宪法则不采用具体的条文，而是采取约定俗成的原则形成一些具体的原则和协议。这样，成文法就不能有任何歧义，不成文法则比较灵活，可以根据习惯和时代情况的变化而不断变化。李大钊更倾向于将两者结合。他举了一个正好相反的例子，比如袁世凯时期的《天坛宪法草案》，其中就有一条规定"国民教育以孔子之道为修身大本"。中国是一个多民族的国家，各个民族的宗教信仰不同，蒙古族有蒙古族的宗教信仰，藏族有藏族的宗教信仰，而在一个真正民主的国度里，宗教信仰是自由的，不能只以孔子之道为根本。而且除了孔学，中国还有很多古圣先贤，他们都留下了许多有价值的思想，这个规定反而会禁锢人的思想自由，是一个损害宪法公理和公正性及尊严的条文。

第三个问题是在宪法中要不要规定各省的政治制度。

这是当时国人争论比较大的问题，宪法商榷会是赞成省制入宪的，可以在宪法中规定各省实行自治，各省的省长实行民主选举。袁世凯当政的时候，中央大权独揽，地方上则用军管代替政治，省制入宪可以避免这种情况的发生。宪法研究会的想法则恰恰相反，他们依附北洋军阀，想通过武力来遏制地方，尤其是遏制国民党激进派中的革命倾向，如继续大权统于中央的局面。李大钊发表了《省制与宪法》一文，认为历史上地方分权的时候多，中央集权的时候少，他还引用了司马迁、班固、柳宗元、欧阳修、苏辙等人对中央集权和地方分权的不同观点和方法来分析这个问题，李大钊是赞成省制写入宪法的。从历史上看，今天国家的主体是人民，所以古人担心的地方分权危害已经不存在了。而从晚清以来的国情发展来看，中国在太平天国农民起义后，地方督抚在镇压起义的过程中掌握了地方军权、财权，所以自那以后，地方的权力越来越大，中央越来越衰弱，内轻外重的政治局面已经形成，督军、省长在各地掌握着实权，所以此时的宪法设计必须考虑这个国情。从世界政治发展的趋势上看，地方自治，扩大地方权限是大势所趋，因为国家领土广袤，一些偏远的地方中央的政治作用很难达到，如果不允许地方掌握一定权力，那么会造成省的权力不在中央，也不在人民的局面，省的力量无法发挥，国家也不会富强兴盛。李大钊的这种主张正符合南方势力的民主要求，护国战争中，西南反袁势力提出来的"云南宣言"中正要求中央和地方要划定权限，各省要自由发展。

第四是宪法应该突出保障人民自由权力的内容。李大钊说，"没有自由毋宁死"。他写了《宪法与自由》来表达他的强烈要求。李大钊认为自由是超过人的生命价值的，善良的宪法必须首先保障人民的充分自由。在李大钊看来，保障人的思想自由是最重要的民主内容。袁世凯的专制统治伤害人民的身体，掠夺人民的财产，剥夺人民的集会、结社自由，但这还不是最甚的，最大的害处就是在《天坛宪法草案》中规定"国民教育以孔子之道为修身大本"，这基本上禁锢了人民的思想自由，也决定了袁世凯是人民的公敌。李大钊认为自由的敌人是皇帝和圣人，帝制已经被推翻，皇帝没了，倡导专制的人却在祈求圣人出现，在宪法中非要规定一个人民偶像不可。但宪法不是为偶像而设，而是为人民的幸福和自由而设。在中国这样一个专制历史悠久的国家，要充分的保障人民的民主权利，思想必须自由，孔子必须退下偶像神坛。孔子可以作为古圣先贤来尊敬,但不能用宪法来维护他的权威,这是对人民思想自由的严重侵犯。李大钊的这些言论主要针对国内出现的尊孔复古逆流。康有为办《不忍》杂志,表达对共和不能忍受的立场,污蔑共和就是共争共乱,自由就是自死自亡,爱国就是卖国灭国。康有为在各地设立孔教会,以孔子比对西方的宗教,认为这样才能达到挽救国家危亡的目的。李大钊说康有为的言论是坟墓中的奇音怪响,而中国思想解放不能消沉,必须挽救这种积重难返的颓势,通过制定宪法来保障思想自由。

《宪法公言》在出版了第9册之后便因经费困难被迫停刊了。黎元洪和段祺瑞之间的府院之争愈演愈烈,尤其在制宪问题上双方各执一词,不肯让步。由于黎元洪在府院之争中失败,被迫宣布解散国会,制宪工作只好停下了。李大钊对制宪满腔的热情换来的是落空的失望,他要再造中华的目标也没能实现。

三、主笔《甲寅》日刊

《宪法公言》停办后,李大钊筹划着创办新的报刊,这个时候,北洋法政时期的同学想要出版《言治》季刊,但没有眉目。所以李大钊就接受了章士钊的邀请，出任了《甲寅》日刊的主笔。他和好友高一涵一同受邀，轮流为这个刊物写社论。李大钊在《甲寅》日刊工作了四个多月，总共发表了六十余篇文章，涉及到国内政治、中国的外交、中国的社会问题、个人修养、学术阐发、第一次世界大战的影响等。此时恰逢段祺瑞和黎元洪就是否参加第一次世界大战而发生尖锐矛盾。段祺瑞主张参战，目的是通过参战扩大皖系的实力，而黎元洪想要遏制段祺瑞则表示反对。李大钊对府院之争的双方都给予了批评，他说，"权力无限则专，权力不清则争"，而专和争都是立宪民主政治的大忌。在《宪法公言》时期李大钊赞成省制入宪，支持孙洪伊，反对段祺瑞，但在中国要不要参战的问题上，李大钊则站在段祺瑞这一边，对参战表示了支持。他认为，清末以来，中国的外交就是屈辱的外交，外交中立是一种软弱的表现，中国应该对世界产生重大的影响，而不是与世无争。我不与人争，那么人必与我争。在战后，中国对国际问题的处理上必须要表态。从这个角度出发，他认为中国应该对德国的潜艇袭击政策提出抗议，对德参战。面对国际上的现状，李大钊希望此时的政府应该保持稳定，而不能在这个时候改组内阁。国会当中的反对派应该以爱国为先，保持政局的稳定。即使如此，李大钊也认为段祺瑞政府有走向专制的可能性，所以他警告政府，要竭力避免民国初期的武断政治重蹈覆辙。

李大钊也在《甲寅》日刊上阐发了他的民族观点。他在这里运用到了在日本学习的政治学知识，看到了西方各国提出的民族主义的实质。美国人提出门罗主义，宣称美洲应该是美洲人的美洲，目的是要反对欧洲对美洲的侵略扩张。日本人提出大亚细亚主义，说亚洲是亚洲人的亚洲，其实是想在亚洲担任如美国那样的角色。世界上各民族相互竞争，导致一些民族被另外一些民族压迫，正因此，才有民族解放运动的勃兴。李大钊主张各民族应该一律平等，和平共处，他也提出新的中华民族主义，认为中国才是亚洲的核心和支柱，中华民族首先要摆脱受列强欺凌的地位，发扬宽厚博大的民族精神，带领亚洲国家摆脱专制和殖民地地位，这才是中华民族的精神所在。而日本的亚细亚主义是为侵略做掩护，目的是要夺取亚洲的霸权，结果必将给亚洲各国人民带来灾难。

这段时期，俄国发生了二月革命，推翻了官僚政府，李大钊也开始重新思索中国的政治斗争，他对北洋政府内的各个派系之争越来越失望，对这些军阀和政党能否改造民国政治产生了深深的怀疑，进而促使他彻底对旧势力放弃了希望，他把目光转向新势力，新势力是中级社会，不是那些上流社会、英雄伟人。

同年5月，李大钊回家乡探望生病的妻子，此时李大钊已经有一对六七岁的儿女，他这次在家足足呆了一个半月。而那时的北京复辟丑剧又在上演，张勋带领辫子军进京，黎元洪被迫解散国会。《甲寅》刊物受到了威胁，高一涵勉强支撑了一段时间最后还是停刊了。7月1号，溥仪复辟，李大钊在北京已经不安全了，只好去上海避难。

四、反对帝国主义战争

1917年1月15日，北洋法政学会同仁又重新聚集起来，他们发行了《言治》季刊，刊物上主要发表同仁的研究成果。李大钊在《言治》上发表了两万字的《战争与人口》，这是一篇有关人口社会学的论文，内容为批驳马尔萨斯的人口论。马尔萨斯是18世纪英国著名经济学家，他的人口论认为：人类生存的必需品是食物，而人类繁殖是一种自然的现象，人口的繁殖呈几何级数增长，而食物等生活资料的增长是按算术级别来进行的，所以人口增长的速度会超过生活必需品增长的速度，因此人类社会才出现贫困、饥饿。自然灾害、战争是制约人口增长的自然因素，人类可以通过这些自然手段来控制人口增长，让人口增长和生活资料增长速度达到平衡。马尔萨斯的理论被好战者拿来制造罪恶的战争，被侵略者拿来当作侵略的借口。

李大钊在批驳中首先承认，人类社会时刻被战争的阴云笼罩着，人会和大自然作战，人与人之间也有战争，战争与人类社会生存繁衍伴随始终。但战争有不同的类型，有的战争结束之后推动人类社会的进化，即使造成一些人类的牺牲也不能回避这类战争，反而要积极地推动这种战争；相反，有些战争是非正义的，会给人类带来灾难，这类战争即使是自然发生的，也必须要用人为的力量加以避免，或将其消灭。值得推动的是人与自然之间的战争，即人类征服自然的战争，而人与人之间的战争必须加以谴责。他认为，现正进行的世界大战给人类带来了无穷的灾难和痛苦。

李大钊认为人对于人自身从事战争能力使用不当，人类应该把自己的这种本性用到良善的地方，用到人与自然的战争中去努力征服大自然，何必自相残杀，因果循环。西方人说物竞天择，适者生存，而李大钊则认为人类可以用自己的理性摆脱这个规律，从而避免惨烈战争的发生。西方的野心家们利用人口论作为穷兵黩武的藉口，正印证了中国先哲那句话，"一言兴邦一言丧邦"啊。

李大钊还从人口理论的角度批驳马尔萨斯的人口论，他说发达国家人口少，贫困国家人口多，而发达国家物质充裕，贫困国家物质贫乏，所以马尔萨斯的人口和资源的增长理论并不是一条铁的规律。人类社会的发展趋势是，富裕的家庭不愿意多生孩子，而是把有限的资源用来为子女提供更好的教育。贫困家庭却在多育子女，反而加剧了贫困。人类征服自然的能力在加强，科学逐渐发达，资源短缺的情况会得到根本改变。所以李大钊在文章中认为解决人口问题不能依靠战争，而是应当充分发挥人类征服自然的能力，靠发达的科学技术来改善人类的生存环境。在《甲寅》日刊中他说："战争的真正原因，不在于人口多而生活必需品不足，是在于人类的贪婪懒惰的劣根性，贪婪使人类总是想夺取他人的物品，懒惰使人类总是想不负担成本，不用努力奋斗就有所得。"所以李大钊赞成发展经济，对人类进行伦理教化，因为他认为只有制止这个罪恶的源头才能有效地制止战争。

第二节 反对军阀专制 抒发政见

一、批判伪调和论

1917年的7月到11月，中国政局发生了剧烈动荡，张勋进行了12天的复辟丑剧，被段祺瑞粉碎，而段祺瑞以再造共和的功臣自居，掌握了北京政权的核心。冯国璋做了大总统，但冯国璋和段祺瑞之间是有矛盾的。研究系骨干梁启超、汤化龙参加了政府，梁启超担任了财政总长，汤化龙担任了内务总长，林长民任司法总长。之后，南北方又因为是否恢复国会的问题发生了尖锐对立。民国实行内阁负责制，新成立的内阁必须有国会的认可才生效，而张勋复辟时，国会被解散，所以新成立内阁是否合法就成了问题。孙中山和南方省份认为要恢复国会，恢复《临时约法》，在此基础上组织内阁才是合法的。而段祺瑞根本不打算恢复国会，他组织了一个受他控制的临时参议院，事实上，没有了国会的掣肘，军阀段祺瑞才能通过自己的参战决定。孙中山又开始高举起护法运动的大旗，一时之间，南北再次陷入对立。

政局的混乱动荡让李大钊陷入了悲观的苦闷之中，一种国家的责任让李大钊用自己的一杆毛笔为国家前途而论，期待政治的变革。这时期李大钊的好友李剑农在上海主编了一本《太平洋》杂志。李大钊先后在这本杂志上发表了《辟伪调和》和《暴力与政治》等文章。

梁启超等研究系成员主张调和论，为北洋军阀张目，李大钊的《辟伪调和》一文就是批判这种调和论调的。袁世凯一死（当时国会刚刚恢复），梁启超就对报界表示，政治应该允许异种势力的存在，各种不同势力能够拥有合法的发展机会，这是民主政治的基本原则。新旧之间发生矛盾，要靠两种方法解决：一种是允许在一定的范围内自由竞争，优胜劣汰，自然发展，一种是互相容纳互相接触，使新旧两方都除掉自己的性质而彼此能够接近。这就是所谓调和论的雏形。研究系当时成了段祺瑞的附庸，也成为段祺瑞对付国民党人的工具。张勋复辟结束后，他们联合起来把持了当时的政局，调和论就是他们炮制的理论。

李大钊的《辟伪调和》分为两大部分，第一部分是阐明李大钊的调和理论，第二部分是对研究系的调和论进行批判。

李大钊认为宇宙的形成是对抗运动的结果，因为对抗，所以宇宙才不断地发展变化，新陈代谢，天地的演化因此而形成。政治运动的理论与天地万物演化的道理是相通的。李大钊说，政治不可一日无对抗，亦即不可一日无调和。如果政治势力之间的力量对比不能均衡，一方的力量强，一方的力量弱，那么强会压弱，调和便不可能出现，所以对抗是在两种均衡的政治力量之间发生的，而调和是政治稳定的基础。但很多人以调和为假面具，暗地里挑拨离间，所以人们唾骂调和。其实那些人是伪调和，是误解了调和。李大钊引用西方学者斯宾塞等人的观点说明，事实上调和是自然完成的，并不是有人为的施力于其中一方，如果人为操作，只会加剧二者之间的矛盾，破坏调和。调和必须坚持自己的意见，不合理的调和是放弃或隐瞒自己认定的正确意见，为了迎合别人而发表自己不认同的意见；人类社会的进化总是在进步和保守二者之间进行的，调和是进步与保守两种势力的直接对抗和交流，而不是在进步与保守两种力量之间左右逢源。后者是一种间接的调和，是伪调和，而前者才是真正的调和。

李大钊认为进步党而后的研究系是缓进派，是伪调和。

急进派是指国民党力量，而当时还有军阀官僚势力，缓进派与急进派的不同在于谁与军阀这个特殊的势力接近。缓进派已经成为特殊势力的指导者，所以缓进派与急进派之间的斗争并不是新与新之争，而是新与旧之争。李大钊回顾了民国初期以来的政治历史，缓进派先后通过攀附袁世凯和北洋军阀来抵制急进派，极尽挑拨之能事。所以，缓进派虽然名义上是拥护共和法律，事实上反而对制定宪法进行了干涉，还参与了张勋复辟，解散国会，但是缓进派却把责任推脱到别人身上。梁启超说法律是死亡的囚犯，汤化龙认为旧民国已经灭亡了。于是《临时约法》可以任意的废弃，参议院可以随便的召集。改组政党的事有利，便可以牺牲不党主义；平分政权有利，则可以同官僚分子共处。缓进派认为，除去暴民般的急进派，理想就可以实现，国家于是出现了暴力之下民主政治不复存在的状况。缓进派之所以有这种主张，是因为他们始终坚持开明专制和贤人政治的主张，而这些主张和民主共和思想是不相容的。梁启超总是希望依靠特殊势力来实现政治愿望，认为缓进派和国民党的主义不同，和官僚的争权夺利也不同，最终新旧两派都抛弃他们，这是伪调和的后果。缓进派和官僚军阀结合是助纣为虐，他们对民国初期乱局难辞其咎。"在此伪调和论调下，人人都虚伪，颠颅混沌，举国无一真人，不痛不痒的政治会导致亡国灭种、万劫不复的结局。"李大钊的批判是如此犀利，一阵见血地指出了研究系和北洋军阀的政治实质。

二、反对军阀专制豪暴

两个月后，李大钊在《太平洋》杂志上又发表了《暴力与政治》一文。李大钊所说的暴力是指凌驾于法律之上的强制力。民国以来，暴力横行。李大钊说国家与主权是一体的，宪法上规定："变更政府的最高权能者是国家，只有国家才能决定政府的形式。在民主政体的设计上，国家的代表就是国会"。但自民国以来，督军团干预政治，国会被迫解散，国体便不存在了，那么国家主权政治便是不合法的。非法的暴力控制了这个国家的主权，暴力横行，国家已经失去了法理上的权威，其他势力也依仗强力，导致社会生活陷入危险的境地，国家民族面临灭亡的命运。

在现代国家理念中，立宪政治是在民意的基础上建立的，而在宪政国家，民主自由思想应该大行其道。善政就是政治与国家利益相调和的政治，恶政则恰好相反。善政之下，官僚将自己视作政治体中的普通一员，谋求的是公利，而不是私利；恶政之下的官僚则认为自己比普通民众的地位更高，官僚会利用职权谋取私利，所以政治的运作必须依靠强力推行。现代民主政治的基本特征是从根本上消除了强力，体现民治主义的精神。李大钊的观点显然受到卢梭观点的影响。卢梭提出，人民在强力的压制下可以被迫服从，但是，一旦人民具备了打破强力的力量时，他们就会千方百计地打破这种压迫。强力相对应的是服从，合法的权利义务不会有强力压迫。如果用强力可以得到权利，那么人们便会去想怎样做才能让自己成为最强者，获取最多的权利。最后，是更大的强力取代原有的强力，用强力攫取的权利也会随之消失。

李大钊认为当民众的自由意志不能正常表达的时候，这种政治是一种恶政，人们会通过暗杀或者革命来表达自己的意志，推翻恶政。革命分两种，一种是当局进行的主动地推动人类进步的改革，另一种是为反对暴政而进行的迫不得已、忍无可忍的革命。强力者既然压迫人民的自由权利，那么人民也就有权利用强力来推翻压迫者。

李大钊对民主主义有着执著热烈的追求，他反对暴力，认为暴力是民主制度的外部威胁，民主制度要维系健康机制必须坚持理性原则，而暴力和理性是相悖的。第一次世界大战的发生是德国等国家用军国主义来发动战争，民主国家的一些制度设制因为不适应战争需要而被要求改造，这使很多人对"军国主义专制制度优越还是民主制度优越"这一问题产生了疑问，但李大钊是坚定的民主主义者，对民主必定战胜专制没有怀疑。随着一战的发展，李大钊对民主主义的胜利越来越有信心。他认为，"民主不是一个国家没有君主就算完事了，必须把那些压抑人性，逞强压迫人的恶劣强力都摧毁了，将不正当的制度都改正过来，直到世界大同。民主主义是世界的潮流，那些专制国家压迫民主必然会爆发革命，用革命来实现真正的民主"。

第五章　北大岁月

第一节　为北大教育事业奋斗

一、受聘北大图书馆

1917年11月10日，李大钊在白坚武的陪同下于南京的江苏督军府见到了督军李纯，之前李纯曾给了李大钊100元的资助，满足李大钊想去日本留学的愿望。但是李大钊没有去日本而是决定北上，他是来这里与李纯道别的。李纯是天津人，晚清新军协统出身，镇压过武昌起义，他是冯国璋的心腹。冯国璋当了大总统，李纯便任了江苏督军。李大钊辞别了李纯北上去北京大学做了图书馆的主任。白坚武是李大钊在北洋法政专门学校时的同学，当年他和李大钊两人被誉为"北洋二杰"，他和李大钊的经历类似，幼年时入私塾读书，后参加科举考试，18岁时得中秀才。此时的白坚武还是一个有正义感有爱国心的青年，从法政学校毕业后，他去直隶都督署做秘书，又在自治筹办所任课长，袁世凯死后，他在国务院担任佥事。后来与孙洪伊一起辞职，经孙洪伊的介绍，他来到江西督军李纯府中作了一名顾问。

李大钊的同学白坚武认为李大钊是一个有学识和高尚品格的人，他总是对李大钊的才华不能被社会所用感到遗憾。在他看来，李大钊是同学中唯一一位拒绝做官的人，其他都是不能安于清贫的利禄之徒。1917年底，李大钊要去北大就任，他专门去拜别了白坚武。白坚武给了他"海内儒冠尽，神州已陆沉。文章千古事，赤血铸丹心"的临别赠言，大致意思是说，现在那些能够安贫乐道的大儒们已经不存在了，国家民族正经历危难之际，读书做文章是流传千古的事，纯洁的人格和对国家的赤胆忠心是靠热血来铸就的。这是对李大钊人格学识的高度赞扬，也是对李大钊北上的一种勉力。

李大钊是经章士钊的介绍到北京担任北大图书馆主任的。北京大学的前身是京师大学堂，于1898年创办，原来是清朝的最高学府，是继国子监之后的清朝最高教育行政机关。1912年，民国肇造后，改为北京大学校。到1917年时，北大有一千五百多名学生，分文、理、法、工、预5个科，还设立了一些关于传统文化和西方科学的基本课程，如伦理、中国史、法制、经济、数学、地质、心理学等，是一所近现代综合性大学。

1917年初，蔡元培受聘担任了北大的校长，从此北大展开了一个全新的面貌。蔡元培是一位清末的进士，作过翰林院编修，担任过民国第一任教育总长，中学根底深厚，又先后留学日本、德国、法国，所以对西学也很了解，崇尚民主、科学等西方理念。丰富的个人经历让他到北大后提出了"思想自由，兼容并包，融汇中西"的办学理念，他对北大教学体制和课程教学方法等进行了大刀阔斧的改革。他不拘一格降人才，聘请了很多不同领域的大师来北大任教。北大有醉心于西方文化的学者，也有主张保守的整理国学的老先生；有思想激进的新文化的闯将，也有反对改革，主张复古的人物。有硕学通儒，有留洋的博士，也有自学成才的人。所以李大钊虽然没有完成早稻田大学的学业，也因为人品学问见长而进入北京大学。章士钊在北大讲授逻辑学，担任教授的职务并兼任图书馆主任，后来他推荐李大钊接替他担任图书馆主任一职。就这样，1918年1月，李大钊来到了北大。

来北大使李大钊获得了一个基本的生存和工作条件，他回国后一直处于颠沛流离的状态，当时北大教授每月工资是240元，这样的待遇，按当时的生活标准，可以养活几十人了，所以李大钊在北大这段时期能够安心地从事科研和革命工作。同时李大钊能够来到北大要得益于蔡元培的推重。1917年4月，李大钊曾以亚细亚学会的名义在湖南会馆组织讲演会，以此寻找志同道合的朋友，蔡元培等人在受邀之列，李大钊和蔡元培得以相识、相知，为他进入北大铺设了道路。

二、中国现代图书馆之父

李大钊因为被早稻田大学开除，所以没有大学文凭，这使他受到了身边在欧美大学镀过金的同仁的质疑，但李大钊用他的博学和崇高品质赢得了师生的尊敬和信赖。李大钊未到之前，北大图书馆存在着许多问题。图书数量很少，一些新学科的书籍缺乏，比如化学学科的书籍就很少。一些急需的书借不到，图书管理也不严格，管理人员缺乏训练，等等。

李大钊对图书馆的管理理念是：现代图书馆不仅要做

到保存书籍不受损失，还要发挥图书的效用，让其为教育服务。过去那种藏书楼式的图书馆必须要改革。在此理念指导下，李大钊对北大图书馆进行了大刀阔斧的改革。他上任后便宣读了图书馆主任的告白书，在告白书中针对图书馆存在的问题李大钊提出了解决办法，他希望同学们尽量不要借出像化学这样书籍少的学科书籍。他承诺会协调国史馆和各个研究所，因为这些单位向图书馆借了大量图书，希望他们能够如期将书归还。李大钊采取了各种方法，使图书的数量相对增加。他提倡了一个新方法，就是个人可以将自己的藏书寄存到学校图书馆，允许其他师生阅读，他还号召师生各界向图书馆捐赠书刊，他自己也身体力行，捐赠了数百册中外书刊。

　　他参考各国大学图书馆的章程制定了北大图书馆的借阅条例，规定了还书的手续方法、允许借阅图书的种类和数量、孤本书的借阅限制、借阅期限、对于超期的处罚方法、损坏或遗失图书的赔偿办法和校外借阅图书等具体细则，规定得非常详细。新条例发布后，借阅图书的数量、期限都有了压缩，孤本书不能外借，同时图书馆延长了阅览室开放的时间。

李大钊还通过好友引进一些外国的图书管理办法。殷汝耕向李大钊详细介绍了东京帝国大学和南满铁道会社的图书目录编制办法，对此李大钊深受启发，并据此专门开设了报刊阅览室，将过期的报刊装订起来，规定学校各办公室订阅的报刊过期不要丢弃，每10天或半月送图书馆保存一次。李大钊非常注重引进外文图书，他采纳罗章龙的建议，直接从德国订购了包括康德、黑格尔学派和马克思主义在内的大量德文著作，图书馆还专门为外文书籍编制了外文书目。

　　1918年10月，北大图书馆迁了新址。比利时仪品公司借给北大20万元钱，北大在学校的东操场兴建了红楼，后来这里被称为北大第一院。图书馆和校总部以及文科院系搬到了红楼，红楼的一层便成了图书馆的新家。李大钊的办公室就在一楼的最东侧。由于红楼里房间比较狭小，所以宽敞的开架阅览方式必须改变了。李大钊也不太赞同封闭阅读的方式，他认为世界潮流的发展方向是开放式的图书馆，所以，李大钊一直努力要改变，李大钊在担任了北大总务处图书部主任和校图书委员会委员后，给学校打报告，要求"从速建筑图书馆"，李大钊对北大图书馆的发展着实费了一番功夫。

为了加强北京各图书馆之间的互助合作与交流协作，1919年初，北大、清华、汇文大学和北京协和医学校等学校的图书馆联合成立了一个北京图书馆协会，李大钊担任了该协会的中文书记。这个协会类似于现代的馆际互借，该协会的成员可以定期交流工作经验，互换出版物，相互借阅图书，各个学校的师生可以到协会中其他的学校图书馆借阅图书。这开创了中国图书馆之间合作的优秀先例，也对中国文化事业的发展起了推动作用。

　　图书馆除了要发展文化事业，同时也要对图书管理人员进行培训，李大钊从西方图书馆教育中得到启发，形成了有关图书馆教育的思想。他认为，要使国家教育能够发达，应当使全国变成一个图书馆或是研究室，使全国人民无论何时何地都有研究学问的机会，图书馆应该变成教育的机关。这也是教育方法的一场变革，就是把过去那种以教师为主体的灌输式的教育改变为以学生为主体的启发式教育。中国要发展图书管理事业，要培养专业的图书管理人员。在搜集图书的时候，图书馆管理人员应该对赠书人予以适当的鼓励；在对图书进行分类的时候，应该注意卡片方法如不能够得到国内读者的满意，就应该与本册目录编制法合用；在借书问题上，应该考虑到使用开架阅览方式，但因为国内读者的修养并不整齐，所以管理人员要对对外阅读进行管理，严格借阅手续。他还希望在中国成立正规的图书馆学校，在此之前，应该举办一些短期的培训班或开办演讲会，对图书管理人员进行教育。北京高等师范学校就在1920年暑期开办了图书馆讲习会，李大钊担任了该会的讲习员。

李大钊对北大及中国图书馆事业的卓越贡献使他在美国权威的《世界图书情报百科全书》中被称为"中国现代图书馆之父"。

从1918年去北大上任到1922年12月正式辞职，李大钊在北大图书馆主任任上度过了将近五年的时光，这是李大钊一生中非常重要的阶段。他为北大图书馆的改革作出了重要贡献，使北大图书馆成为北大师生研究学习的好地方。更为重要的是，李大钊通过北大图书馆主任的职务认识了一大批大师和一批对中国当时的思想文化和政治界产生影响的青年学者，尤其是一批新文化运动的巨匠，他们以北大为主要阵地，在北大掀起了近代史上非常重要的一次思想启蒙——新文化运动。李大钊也因此和陈独秀等人在北大汇合，成为《新青年》和《每周评论》的主要撰稿人之一。他也是在北大和毛泽东初次见面。李大钊在北大大张旗鼓地宣传布尔什维克主义和马克思主义，筹建了北京的共产党小组，可以说，李大钊的北大生活奠定了他成为中国马克思主义运动的先驱和共产党的早期创始人的重要基础。

三、走上讲坛

李大钊的好友马叙伦，早年曾参加同盟会，是北大教职员公益活动的组织骨干。蔡元培在"五四运动"时辞职，马叙伦曾和李大钊一起去教育部挽留蔡元培。他又是索薪教育风潮的主要组织者，在一起从事公益活动的过程中，马叙伦对李大钊的学识有了更多的了解。1920年7月8日，在北大评议会的特别会议上，通过了马叙伦提出的修正案，让李大钊担任图书馆主任的同时兼任教授，从此李大钊走上了教授的讲台。从这一年的7月23日开始，李大钊接到了政治学系教授的聘任书，开始在史学系和政治学系承担现代政治讲座和唯物史观研究的教学工作。从1920年到1925年，李大钊讲授了很多课程和承担了许多讲座。他先后在北大的政治学系、史学系和经济系教书，同时，他还先后在北京女子高等师范学校、北京师范大学、北京朝阳大学、中国大学等学校开设课程。他讲授的内容涵盖了社会主义理论、唯物史观和史学思想史等。他还做过有关如现代普选运动、妇女参政、工人运动、人种等现代问题的专题讲座和讲演。除了北京，李大钊还到过上海复旦大学、武汉高等师范等学校，为学生们作有关"历史哲学"等题目的讲演。

李大钊的学生对他上课的样子有着深刻的印象：他两只手支在讲桌上，身体也很少移动。说话时声调很沉、很慢，头向前微微倾斜，讲话中带着些许的乡音。李大钊的演讲魅力不是紧凭丰富的姿态和肢体语言，而是靠丰富的知识内容以及富于逻辑的表达能力。他的讲演具有极大的鼓动力，因为李大钊是一个言行一致的人，他用他的身体力行加上广博的学识来号召和激励群众。罗章龙在听了李大钊的《唯物史观研究》一课后说："过去的历史课，都不外是按旧史观，照本宣科……李先生在讲授这门课程，在当年是件新鲜事儿……他在课前散发讲义，每次都有十张八张，的确开全校风气之先……李先生讲课……具有高度说服力，所以同学们听课十分踊跃，座无虚席，迟到就站着听讲……"

第二节　热心公益

一、参与公益事业

李大钊的祖父李如珍有一种急公好义的精神，村里面的一些公事经常是由他主持的。这种精神在李大钊的身上也有体现，他在图书馆工作期间参与了学校教职员中的公益性事业，热心地帮助同学，为同事忙碌。

李大钊参加的第一个公益团体是蔡元培发起的进德会。蔡元培来到北大以前，学校管理情况较差，很多学生都是抱着升官发财的愿望来到学校的，他们平时不好好学习，游手好闲者有之，考试作弊者有之，教师中滥竽充数者有之，赌博嫖妓者有之。蔡元培下决心要对北大的这种状况进行改革，于是在1918年1月发起并组织了进德会。

所谓进德，是指增进道德。蔡元培发起该会的目的是增强个人的道德修养，为此他提出了进德会的道德戒例。该会的会员有三个标准：甲种会员不嫖、不赌、不纳妾；乙种会员除了前三项外，还要加上不做官吏和不做议员；丙种会员是前两种会员的项目，再加上不吸烟、不喝酒和不食肉。甲种会员的要求是入会的基本条件，会员要自行遵守，提高道德水平。李大钊是第一批入会的会员，他选择了甲种会员。29个报名参会者中，丙种会员有2人，乙种会员有10人，其他都是甲种会员。李大钊如此选择倒不是因为他想做官，而是他认为不做官不应该成为进德会的戒例。进德会在北大影响很大，学生会成员达到三百多人，教职员有一百六十多人。李大钊被推举为进德会杂志的编辑之一。此外，李大钊还被列入了进德会遵守戒约者名单，因为他是生活严谨、私德醇厚的典范。妻子赵纫兰比李大钊大6岁，有人劝他迎新纳小，他断然不肯，留学回来并作为当时文坛名士的李大钊没有抛弃糟糠之妻，而是与妻子相濡以沫，互敬互爱。社会上有不少仇视李大钊的军阀政客和反动文人，但是却没有人攻击李大钊的私德，李大钊高贵的个人品格赢得了大家的尊敬。

　　李大钊加入进德会不久，又和庶务主任李辛白发起了北大公余法文夜校，这是一所业余学校。李大钊邀请法华教育会派教员到该夜校授课，由北大负责管理。这个夜校的发起旨在发扬古人耕读的传统，学习西方国家业余教育的方法，利用业余时间补充文化知识和技能，同时还促进学生学习法语。这是李大钊作为北大教职员做的第一件事情。

1919年1月，李大钊和蔡元培、沈尹默、胡适等人发起并组织了学余俱乐部，俱乐部为学校教职员提供了一个交流场所。俱乐部里提供书刊，有美术品展览，教职员们还可以在俱乐部里吟诗作画。李大钊是这个俱乐部的庶务干事。

李大钊参与的公益事业非常多，北京大学教职员会是他发起的，他在北京8所专门以上学校太平洋问题讨论会中做中文干事和研究员。北大妇孺救济会也有他的身影。那时候，北方地区遭受严重的自然灾害，李大钊发起了一个赈灾会，为北方灾民募捐。他还为本校教授和教职员家属的丧事及困难职工发起募捐，并身体力行，出资捐助社会公益事业。李大钊曾担任过"北大学生游艺大会保管字画部"的职员。他和胡适等人一起为半工半读的学生介绍工作。北大法专等学校的学生发起了一个北京学生读书会，也邀请他担任导师。

热心公益事业的过程中，李大钊逐渐在北大积累了很高的声望和信任。他开始拥有多项公职，比如，他被选为北京大学评议会成员，这个评议会是决定校政的最高机关。他被校长指任成为学生自治委员会的成员。在李大钊辞掉图书馆主任一职担任教授后，开始兼任北大校长室秘书；他还被任命为北大学生事业委员会委员长。李大钊在这些岗位上尽心尽力，为北大师生服务，同时也实践着他自己的社会理想。

二、为北大教职员请命

民国初年的大学经费是由中央来负担的，由于军阀割据混战，军费开支浩繁，教育经费经常被挪用。1919年，海陆军费用占财政预算支出的42%，而教育经费却不到1%。1921年3月，北京教育部连续拖欠北京各所学校三个半月的经费，学校难以为继，教职员领不到薪水，生活困难。为了解决这个问题，1921年3月，北京8所学校在北大召开了教职员大会，决定全体罢教，选举出李大钊在内的11个人作为大会决议的执行人。

1921年3月16日上午，8所学校的教职员代表共20人在美术学校开会。会议作出决定，每个学校各派三名代表组成一个代表联席会议。北大的哲学教授马叙伦被推举为主席，李大钊被任命为新闻股干事。会议作出决定，教职员代表联席会议的目的有两个：一是要政府能够指定专门款项作为教育基金；二是清偿积欠的教师工资。随后，马叙伦前往总统府和国务院教育部交涉有关事项。对于设立专门的教育基金，代表联席会议的办法是从铁路收入、关余、盐余、印花税等国家收入中拨出专款用作教育基金，让社会组织来监督政府的行为。

不久，政府就给了回应。同年3月29日，教育总长范源濂就请愿并提出了解决办法，由交通部盐务署自3月份开始每月筹25万元经费交教育部，并将以前积欠的60万元工资分期陆续付清。因没有提及设立教育基金，教职员们拒绝接受这个办法。见交涉无望，8校教职员决定实行总辞职，教育总长和次长也没有办法，亦提出辞职。各个学校的学生对这个维权行动表示了支持，8校的校长也向教育部递交了辞呈，甚至北京的中小学教职员和学生也对总辞职给予声援。但政府方面的表现一直很消极，不能令人满意，这个斗争旷日持久地进行着。

当时，李大钊在北京女子高等师范学校兼职教课，所以这个学校补推了李大钊作为该校的代理发言人。由于马叙伦因病缺席，李大钊担任了八校教职员联合会的主席，此时索薪斗争正不断升级。

1921年4月21日，国务会议的三项处理办法出台。第一项是一周内先发三月份的经费，四月份起由财政部从交通部协济政费项目下每月拨付22万元作为经费。第二项是教育部从财政部领来的款项向来是以实际领来的数额为准，统一由财政部筹定拨付。第三项是将从上一年12月起到本年2月所欠的各个学校的经费总共40万元，先发一个月，其余分三次在4月、5月、6月这3个月陆续发放。

李大钊一主持联系会议，就决定是否接受政府提出的这三项处理办法。其实国务院的这个办法并仍有将教育基金问题解决，也就是没有从根本上解决学校经费的保障问题。北大学生提醒联合会不要被政府所欺骗，教职员联合会代表也对这三项办法不满意。恰逢此时，8校校长做了疏通工作，提出一个修正意见：原办法是要求财政没有筹足确实款项以前，现改为教育基金没有筹足以前；原办法是教育基金由财政部在交通部特别协款中每月按期拨付，现改为由交通部每月按期拨付；而且这两个特殊条款，在教育部教育基金没有筹足以前不能停止。李大钊在教职员联席会上提出，校长们提出的修正意见还是比较可行的，在教育基金未筹定以前，不能中断交通部的特别协款，如果政府能够答应校长们的修改意见，并正式经国务会议通过和公布，那么联席会议则可以考虑不再坚持索薪。

1921年4月30日,北京政府接受了这个修正意见,李大钊主持联席会议,表决通过了这三项办法,索薪斗争似乎是胜利了。就在各个学校欢呼雀跃的时候,事情却急转直下,政校长们去领款——这个款项是校长们向教职员担保的,必须立即支付。可是政府却通知校长们这笔款项必须得等到5月20日才能支付,教育部的理由是支票近期无法签字。联席会议得到消息后,当即决定,再次向政府提出,第一批应补发的经费和薪水应该在10号以前全部付清,并妥善地提出保障办法,否则不能复课,而且要再次辞职。

接下来校长们和政府有关部门的交涉非常不顺利,各个部门互相搪塞不接待的现象出现了。各个学校后来得知,付款之所以不能马上兑现,是因为交通部的款项还没有交到财政部,也就是说根本不能做到给付支票这件事,根本不是支票签没签字的问题。八个学校的校长只好再次提出了总辞职,联席会议向政府提出了本月20日上午12点前的限期,但政府显然根本没有诚意。相反,政府还责怪学校教职员不履行先前答应的条件,没有复课,所以学校教职员的薪水要暂行停发。

联席会议只好第二次提出了总辞职。李大钊在见到日文报刊《新支那》的记者时愤慨地说："我们这样做是因为政府丝毫没有诚意，纯属万般无奈，断绝教育经费，使教育陷入一片黑暗的这种状况，在世界上除了我国，恐怕没有第二个了。政府严重不负责任，在这样的政府之下，教育事业没有真正发展的希望。我国不能对这种政府容忍姑息，而应当彻底改变它，这一时刻的到来已经不远了。"

各个学校的代表到教育部门前静坐，各界联合会也到国务院请愿。在6月3日这一天，四五百名学生冒雨到教育部门前请愿，李大钊等人到新华门前请愿。不料总理靳云鹏拒绝接见，请愿人群和卫兵发生了争执，卫兵施暴，马叙伦等十多人被打伤，李大钊也被打昏。这便是六·三流血事件。自此，教育风潮开始在全国有了影响，北京国务院通电各省区，公布所谓的"事件始末"，污蔑教职员破坏教育秩序，靳云鹏居然还指使地方监察厅起诉了马叙伦等人，并要严惩学生。学校和政府针锋相对，李大钊向报界解释了这次斗争的整个过程，争取社会人士对教育人士行动的支持。当时广东军阀和桂系军阀各军之间正在打仗，湖北、浙江的问题也很棘手，各界联合会以及各地的教职员学生对此行动的支持让北京政府害怕了，他们感觉到有必要赶快结束这次风潮。

1921年7月13日，范源濂受政府委派出面调解，对教育界人士实行安抚，提出了给予医药费、拨专款作为教育准备金、拨付工资等条件为解决办法。各项办法落实后，各校校长们复职了，教职员们也才重新开始上课。虽然李大钊为领导这次斗争错过了参加中共一大的机会，但是在这次斗争中，李大钊积累了很高的声望。1924年3月北大搞民意测验，问学生"在国内或世界大人物中，你心目中有谁"，其中李大钊排在第8位。

第六章　选择马克思主义

第一节　新文化运动

一、加入新文化运动阵营

李大钊是新文化运动的主要代表人物之一。在他进入北大的前一年，陈独秀应蔡元培之邀到北大担任文科学长，他是带着在上海创办的《新青年》杂志来到北京的。此后，一些文化巨匠以《新青年》和北大为核心，掀起了中国文化的一次启蒙思潮，钱玄同、刘半农、沈尹默、胡适、周作人和鲁迅等人，他们都先后参加了《新青年》的编辑工作。

新文化运动是一场破旧立新的思想运动，"旧"便是以孔学为代表的封建专制思想，"新"便是西方的民主和科学。在这场运动中，一切旧的价值被重新评判，过去认为对的,现在要讨论是否还正确?过去的旧思想,现在要讨论在当下是否还适合?这股思想启蒙大潮在全国兴起。

二、探讨东西方文化

西方民主价值的张扬让东西方的价值如何定位成为问题。为此,在《新青年》的同仁中展开了一场关于东西方文化的论战。陈独秀在《新青年》创刊时对东西方文明的定位就显示出了他的观点,他认为两者是对立的,而且西方文明比东方文明先进。西方文明是以战争、个人主义、法治为本,东方文明则以安静、和平、家族主义为本位。东方人宽厚忍让,西方人善于斗争。西方人崇尚个人的自由权利和幸福,而中国人则尊重家长,看重阶级地位,对元首尊崇,讲究忠孝观念。中国人的这种观念损坏个人人格和独立,使个人无法自由表达自己的意思,不存在法律上的人人平等。中国人表面一团和气,实际上内心彼此愤恨嫉妒;西方人表面上是小人,实际上各守自己的权利,是真正的君子。以上的对比让陈独秀得出的结论是:西方文明和中国文明是完全不同的两种文明,性质决然不同,西方文明远在中国文明之上,中国要想进步,必须采用西洋的法子。

陈独秀将东西方文化对立,认为应该用西方文化取代中国文化,是一种在新文化运动中比较激进的全盘西化派。另一些人则相对保守,例如《东方杂志》的主编杜亚泉就认为东西方文明的性质不同,东方文明是静的文明,西方是动的文明。东西方文明没有程度差别,只有性质差别。而西方文明的恶劣在一战中已经暴露了出来,在这一点上东方文明正可以弥补西方文明的不足和贫乏。他认为东西方文明各有短长。对待两种文明,不应该以西方代替东方,而是应该采取调和的办法,中国文明有错误可以修正,可以引进西方文明,两者融合,这才是救济中国之道和救济世界之道。

李大钊也加入了这场争论。他比较认同杜亚泉的看法,但和杜亚泉的观点又有所差别。杜亚泉认为东西方文明的不同源自于东西方社会的不同和社会的演化不同。李大钊则将文明不同的原因归结为自然地理环境的不同。他引用了西方学者和日本学者的观点,按地理来划分东西方,以伊朗高原为界,分为南道文明和北道文明。南道文明是东方文明,这里日照充足,自然环境较好,所以这种文明呈现出自然和谐的状态,少纷争。而北道文明即西方文明,其自然条件比较差,所以其文明中的同类斗争表现就非常明显。由此东方文明和西方文明表现出了不同性质。东方是自然状态，保守的、自然的、安静的、消极的、因循苟安的，和追求人与人、人与自然的和谐。西方则具有积极的、独立的、理智的、物质的、好动的特征。东方的自然条件好，以定居的农业生活为主；西方文明条件差，所以大都喜迁徙，人们从事工商业来彼此交换产品。定居生活决定了东方文明家族繁衍生息快，家族主义流行，女人多于男人，所以一夫多妻、男尊女卑；西方文明则因为长期迁徙，家族组织简单，个人主义盛行，男人多于女人，所以实行一夫一妻。由此决定的东西方各种生活方式，如饮食、文化、日常习惯、哲学、宗教、伦理、政治等都不同。

李大钊的分析比杜亚泉更加细致，也不像陈独秀那样全盘西化，认为西方文明比东方文明要高级。李大钊认为两种文明互有短长，他们是宇宙进化的两大动力，如同鸟的两个翅膀或车的两个轮子一样，缺一不可。陈独秀认为，东西方文明如果认同一个就必须废弃一个。而李大钊则认为，东方文明衰退于静止之中，而西洋文明又疲命于物质之下，为救济世界危机，必有第三种新文明之崛起，这第三种文明应该是理想的文明、向上的文明。

李大钊在文明论上的三分法，使他在对西方文明失望后，较别人更早地把目光投向了俄国，因为东西方文明都需要改造，所以第三种文明才是真正的追求。李大钊的观点与美国政治学者、外交官芮恩施的观点接近，这种观点部分地从地理研究中获得。俄罗斯文明正好处在东西方文明之间，从地理位置上看，俄国横跨欧亚大陆，其文明兼具东西方文明的特征，俄国人既接受了亚洲人尊奉神权和君主专制的思想，也接受了欧洲人民主权利的思想。十月革命前俄国人的生活是一半东洋，一半西洋，还没有调和中西。十月革命后，俄国冲破了君主专制，实行民主，冲破了迷信的束缚，开始融汇并创造出一种新的文明。这是一种东西方都应该效仿的文明。李大钊正是在这种观点的基础上，使得他比其他新文化运动的巨匠更早地接受了马克思主义。

第二节　倾心俄国革命

一、为俄国革命欢呼

　　1917年11月7日，俄国爆发了社会主义革命，当时的上海《民国日报》刊发了这个消息。8个月后，李大钊便发表了他的著名文章《法俄革命之比较观》，热情地为这场革命欢呼。

列宁领导的布尔什维克党推翻了二月革命后建立的联合政府，成立了以工农兵为代表的苏维埃共和国，紧接着宣布退出第一次世界大战。这个举动使俄国遭到了来自英国、法国、美国、日本等国家的武装干涉，俄国的国内反对派也趁机发动叛乱，使新生的苏维埃共和国处在危机当中。就在一些人对俄国的前景产生担忧和怀疑的时候，李大钊则充满信心，他认为新文明的创造、新生命的诞生，总是在艰难的环境中进行的，这是历史上常常发生的。因为新生命刚诞生的时候，是对旧制度的一种完全颠覆，人们会将其视为一种祸患、洪水猛兽，所以一开始总是非常艰难的。在经历了最大的牺牲和痛苦之后，新生命才算是成功了。当年人们对法国革命也抱着悲观的想法，后来法国革命成功了，担忧就变得多余，所以今天的人们也不必为俄国革命而悲观。他通过对法俄革命的比较，得出了两种革命的不同，也为俄国革命发声。他说："法兰西之革命是18世纪末期之革命，是立于国家主义上之革命，是政治的革命而兼含社会的革命之意味者也。俄罗斯之革命是20世纪初期之革命，是立于社会主义上之革命，是社会的革命而并著世界的革命之采色者也。"法国革命的精髓是爱国主义，而俄国革命是人道主义，俄国革命处于人道主义和世界主义萌发的时代，所以俄国革命是世界和平的曙光。

其实当时的苏维埃政权仅仅控制了俄国国土的四分之一，国内叛乱直到1919年才彻底结束。李大钊对俄国革命的欢呼并不是对俄国新政权的一种简单的乐观判断，他对俄国的信心在于他认为俄罗斯的新文明还没有得到充分的发展，而富于发展的余力，这个文明就可以承担起在欧亚文明间的调和功能。中国文明要崛起应该吸取俄罗斯新文明的有价值之处。他认为，世界文明在发展到一次顶点之后，便会衰落而不能再发达了，世界文明史还没有哪一个国家能够产生两次世界文明顶峰的先例，但是他特别希望中国能做到这一点，希望通过俄罗斯新文明的引进学习达到这一点。李大钊的这种民族主义和国际主义并不矛盾，李大钊认为中国文明的再生和世界文明的更新是一回事。中国应该抛弃静止的因循守旧的文明，将西方动的文明予以接纳并发展出一种新的文明，这也同时就是世界文明的更新。而西方文明的更新是引进东方文明中有价值的部分，形成一种崭新的文明。这种崭新的世界文明主要特征是自由与人道，过去的侵略、奴役、压迫都要放弃。在李大钊看来，俄国正要创造这种文明，这也是人类发展的方向，殖民主义的时代一去不复返，俄国革命为人道主义、人类和平和世界平等的时代开道。

二、庆祝庶民的胜利

1918年11月11日，第一次世界大战以协约国胜利，同盟国被打败告终。中国政府在1917年8月提出对德、奥宣战，实际上参加了第一次世界大战，中国虽然没有出一兵一卒，但也是一战的战胜国之一，所以举国在此时开始欢呼一战的胜利，段祺瑞还在太和殿前举行了盛大的阅兵式来庆祝。这场战争结束后，所谓的"民主国家的代表"美国总统威尔逊重申了在参战时提出的十四条宣言，要求战后废除秘密外交，维护各国领土完整，各国人民权利平等，议和的国际准则应该是公道和正义。这个宣言得到了来自北大在内的全国知识分子学生的欢呼支持。公理战胜了强权，这是当时许多中国人认为的一战结果。蔡元培在一战胜利后发表了一篇"劳工神圣"的主题演讲。他说，"中国有15万劳工在法国为一战工作，所以一战胜利后的世界全是劳工的世界，我们都是劳工，我们要自己认识劳工的价值"。但蔡元培并没有说劳工主义的胜利是第一次世界大战的成果。

李大钊眼中的一战却全然不同，他在中央公园演讲时高呼一战胜利是庶民的胜利。他说，"这回战胜的不是武力，而是世界人类的新精神，不是哪一国的军阀或资本家的政府，是全世界的庶民"。他提出的庶民，是指大多数普通人。李大钊将一战分为政治和社会两种结果：政治的结果是民主主义的胜利，民主主义的精神内核是互助、自由、平等和反抗压迫，因此民主主义胜利就是庶民的胜利；社会主义革命的结果是资本主义失败了，劳工主义获胜，资本家是少数，劳工是多数，因此劳工的胜利就是庶民的胜利。

李大钊对一战原因和结果的分析鞭辟入里。他认为，这场战争发生的真正原因是资本主义国家内部已经容纳不下它的生产力，资本家想借着世界大战打破国家的界限，以自己国家为中心，建立一个世界性的大帝国，合而为一形成一个经济组织，从而为自己国家的资产阶级谋利益，所以在战争进行时，俄国的劳工就看出了资本家的野心，进行了社会革命，并获得胜了胜利。劳工主义既然胜利了，今后的世界人人都成了庶民，也就是成了工人，而庶民就是工人，他们是人类中的大多数，这和布尔什维克主义相符合，所以劳工的胜利就是庶民的胜利，也是布尔什维克主义的胜利。

也许他觉得这个演讲没有充分地阐发他的观点，他随后在《新青年》上发表了《布尔什维克主义的胜利》一文，具体地解释了他对俄国革命的理解。他先阐述了俄国革命的内涵：在一战期间发生的俄国革命是社会主义的革命，俄国的政党就是社会党，这个党是奉行马克思主义的。社会党革命的目的是要打破国家的界限，把资本家独占利益的制度打破。这是一场阶级战争，是资产阶级和无产阶级的战争，也是庶民和资本家之间的战争，全世界庶民对于资产阶级的战争。俄国的社会党主张男女平等，都应该出去工作，这个国家组织中没有西方的议会，也没有英国的议会，没有所谓的大总统、总理、内阁、立法部。但是却有劳工联合的会议，一切国家事宜交给他们来决定，一切产业都归做工的工人来处理。俄国革命是联合全世界的庶民，先造一个自由的地域，然后作为世界邦联的基础。这场革命是布尔什维克主义的胜利，这也将来会是世界革命的新的信条。"赤色旗到处翻飞，劳工会纷纷成立……由今以后，到处所见的都是布尔什维克主义战胜的旗，到处所闻的，都是布尔什维克主义凯歌的声！人道的钟声响了！自由的曙光现了！试看将来的环球，必是赤旗的世界。"

三、接受马克思主义理论

李大钊的文章里第一次出现了马克思的名字，也是李大钊第一次用阶级的观点来分析战争的起因。这个时候李大钊的马克思主义理论来源于两个方面，一个是列宁关于无产阶级革命的观点。此时的欧洲有许多的社会民主党已经从反对资产阶级政府变成支持本国的政府，投入到战争决策中去了。因此，李大钊的观点多取自于列宁在《国家与革命》的文章中论述的有关资本家民主和无产阶级专政对立的观点。但李大钊能够在原有的自己思想基础上不断地接受新的思想理论，丰富自己。李大钊在欢呼布尔什维克，欢呼赤旗的同时，也在欢呼人道主义，欢呼民主主义，欢呼自由。德国的社会党在议会中公开反对军国主义，反对专制；俄国革命以人道主义、博爱主义为理想，尤其是俄国的政府对民众的接近，建立的是人民的政权。这些革命历史是李大钊了解到的主要内容，也是与李大钊思想接近的地方。民主思想丰富的内涵是李大钊思想转变的特色，李大钊这个时候接受的民主是强调民众普遍权利的民主，世界民主的潮流是世界各国的殖民地独立运动、工人罢工斗争和妇女解放运动，是一般平民的民主，是俄国式或德国式的社会民主主义。

李大钊的另一个马克思主义理论来源是无政府主义。无政府主义是世界社会主义运动中的一种小资产阶级思潮，它反对资本主义剥削制度，认为人类最终是要实现共产主义的，但是这种思潮所认为的共产主义的实现途径和马克思主义不同，无政府主义否定一切权威，要建立一个完全没有国家、没有强权、完全平等、绝对自由的社会。无政府主义者设想的是不经过无产阶级革命和无产阶级专政来实现最终目标。这种思想在20世纪初开始进入中国，1907年在留日和留法的中国学生中间开始流行。民国后，中国社会党中的一部分人坚持这种主张。无政府主义者宣传人道、博爱、知识和道德，以教育为革命，用普遍的教育和平等、博爱思想来实现无政府主义。中国无政府主义派的核心人物是李石，他回国后，发起了进德会，蔡元培也抱持无政府主义观点并进行过宣传，他在北大多次介绍过克鲁泡特金的互助理论和人道主义，他们还一起组织过华人的勤工俭学会。

李大钊到北大后，认识了一些无政府主义者，也加入了进德会，无政府主义者是宣传劳工革命的主力。1918年，梁冰弦和刘石心创办了《劳动》杂志，连续报导俄国十月革命。认为俄国革命是世界的革命，社会的改革，是无政府共产，是自由、平等、博爱，他们还广泛地介绍了俄国及欧美劳工斗争的历史。

虽然李大钊曾经加入过中国社会党，但对于一部分无政府主义者主张通过暗杀来达到政治目的的方式，李大钊还是反对的。李大钊曾经对中华民族的前途命运发出悲叹，甚至对人生产生了消极的想法，但是他对无政府主义者的社会再造方式也并不认同。虽然李大钊参加了北大的进德会，但李大钊曾在北洋法政学堂系统地学习过西方民主制度，又到日本研读政治理论，他对西方的民主理想信念还是非常坚定的。这种信念不曾动摇，但经常受到打击，中国黑暗的政治现实时时考验着他的民主理想。为此，李大钊不得不苦苦寻找民主的实现形式和动力。就在寻找过程中，他开始接触到俄国革命的一些内容，因此他也不再完全拒绝无政府主义。他认为，新的民主主义要求在社会上实现全面的自由平等，要中央和地方平等，各个殖民地独立，世界上各个国家民族一律平等，农民和地主平等，工人和资本家平等，也就是劳苦工农大众的解放，革命使贵族变成平民，资本家变成平民，男女也要平等，有平等的就业机会，在经济分配上达到平均。布尔什维克主义主张取消过去的政治组织，建立劳工联合会议，这些主张和无政府主义是一致的，无政府主义在世界各地倡导互助团结、妇女解放、世界和平、人道，以及改善农民的生活状况，提高底层民众的教育水平等主张，这和布尔什维克主义非常相似。正是思想上的这种贯通性，使得李大钊认为布尔什维克主义和无政府主义是相通的。以前李大钊的文章对国内政治、民主制度探讨较多，此时他写的一系列文章更多的则是关注底层民众，解决中国的劳工问题、教育问题、妇女问题和农村问题，这种转向为他成为一名坚定的马克思主义者奠定了思想基础。

李大钊对马克思主义的转向使他从一个民主主义者变成了一个马克思主义者。在这个过程中，李大钊在三个方面抛弃了旧理念而接受了新理念。

一是李大钊抛弃了对资本主义文明的信仰，而转向了社会主义。李大钊原来的政治理想是资产阶级式的民主主义，为此他做了极大的努力，付出了很大热情，只是这种迷恋并没有发展到盲从的地步，他不断地在中国进行着民主的实践。李大钊的转变是一战爆发后，当时西方的社会现实暴露了资本主义制度的内在矛盾，让他不再醉心于西方制度，期望通过这条道路来达到解救中国的目的。李大钊一针见血地指出："西洋文明是掠夺的文明，西洋的主义是掠夺的主义。这些文明已经是空的躯壳，已经是世界文明史上的过客了。"这就表明了他对西方资本主义式理想的抛弃。李大钊相信，俄国十月革命后的布尔什维克主义是第三种文明的代表，这也是新时代精神的代表，中国未来要进行的是俄罗斯式的革命，那才是中国人民革命的新方向。

二是李大钊抛弃了对资产阶级的幻想和期待，开始重视平民阶层。李大钊曾把中国的希望寄托在资产阶级身上，"应该让有恒产者进而造成新的势力中心，以作为国本之所托"。但在俄国革命中，下层群众的威力显示了出来，他对资产阶级幻想的抛弃就是对平民力量的承认和期待。

三是李大钊对改良主义思想的抛弃，从而主张在中国实行革命，从根本上解决问题。他曾经对民国初期的政府，无论是袁世凯还是段祺瑞都产生过某种程度的幻想，但此时的李大钊则认为应该更加深入地促成革命。所谓根本解决是对原来逐渐改良思想的一种对立，而且他所说的根本解决就是指俄国式的革命道路。他认为，经济问题解决了，其他问题才有解决的可能，比如政治问题、法律问题、家族问题、女子解放问题等都可以解决。这种思想标志着李大钊思想发生了质的飞跃，他的马克思主义和社会主义革命的观念初步形成了。

第三节　指导青年

一、指导青年社团

北京大学是新文化运动的阵地，新文化的巨匠们把文化启蒙的目标和中国未来的希望都投入到青年人身上。一批以青年为核心的社团组织成立了，其中著名的有少年中国学会、国民杂志社、新潮社等，李大钊对这些社团都给予了很大的支持。

1918年5月，日本政府为了攫取在中国的特殊利益，诱迫中国政府与其签订了《中日共同防敌军事协定》。一千多名留日学生在东京举行了反对该协定的游行示威，同时要求日本归还山东，在遭到日本当局镇压后罢学，回国后的留日学生成立了学生救国会，他们与北京各高校的学生联络，发起请愿活动。随后，北京学生爱国会与南京、天津、上海、济南等地的学生联络，组成了全国统一的学生救国会，于1918年10月成立的国民杂志社便是该会的宣传和活动机构。北大的邓中夏、张国焘、许德珩、段锡朋都是该社非常有名的成员，这个社团的目标是"增进国民人格，灌输国民常识"。《国民杂志》是他们的出版刊物，内容涉及到国内外政治、经济、外交等各方面。1918年11月，新潮社成立了，这是一个由北大学生组成的文化团体，以介绍西洋近代思潮、批判中国现代学术和社会上各种问题为宗旨。这和《新青年》杂志的目的很相似。傅斯年、罗家伦、谭平山等都是新潮社的著名成员。由于新潮社发起者是陈独秀，胡适也与其关系密切，所以该社得到了学校的大力支持。李大钊担任了该社的顾问，协助他们负责杂志的印刷、广告、发行和会计等事务，李大钊还把红楼的一个房间拨给新潮社使用，他在《新潮》杂志上发表了《物质变动与道德变动》等文章。

二、用平民思想影响青年

李大钊的思想对新潮社成员的思想产生了很大影响。罗家伦把俄国革命看作是民主战胜君主的革命，是平民战胜军阀的革命，是劳动者战胜资本家的革命。这些思想显然是受到了李大钊的启发。罗家伦后来翻译了一些有关俄国革命以及一战后世界民主主义革命发展的文章，还参加了"五四"运动，这些都与李大钊对他的影响不无关系。谭平山正是在李大钊所宣传的俄国革命思想的影响下，开始从研究哲学理论转向关注政治思想的，他的文章中所引用的社会民主主义观点、马克思恩格斯起草的《共产党宣言》中的观点都反映出了这种影响。

受李大钊影响比较深的另两位是黄日葵和张国焘。黄日葵是留日学生，回国后一开始在北大旁听，国民杂志社成立后，他就与李大钊建立了联系。张国焘在中共刚建立时是中央局领导成员之一，后担任中国劳动组合书记部主任。他在《我的回忆》中这样讲述和李大钊的交往："我景仰李大钊先生，最初与马克思主义无关。虽然他是我的指导者，我们相处却似朋友"，"我们对事物的了解深度或不尽相同，因为他年长识广，但所怀的愿望却完全一样。我们的接触频繁起来，遇事总是有商有量，共策进行"。这段回忆反映出了李大钊对当时青年的关怀、指导和照顾。张国焘说他和李大钊意气相投，五四运动的"内除国贼，外抗强权"的号召让他们一直并肩作战。一战结束后，李大钊显得很乐观，觉得凡尔赛和会能给中国会带来好运，希望威尔逊总统的主张可以改善世界，中国可以否极泰来。但在凡尔赛和会上中国却失败了，理想幻灭了，因此才爆发了五四运动。俄国革命成功后，反共的宣传虽然到处都是，但俄国号召和平的主张还是成为了黑暗中的钟声，所以张国焘会和李大钊在一起共同研究俄国事态的发展。也就是说，李大钊在张国焘走向革命道路的过程中起了重要的推动作用。

在20世纪20年代，一批中国知识分子接受了来自外国的社会主义思想，其中有提倡互助实践的，也有提倡半工半读的，青年们用这些思潮做指导进行他们理想中的社会改造实践，这些实践活动得到了许多新文化运动领袖的支持，李大钊就是其中之一。王光祈是四川人，比李大钊小3岁，他毕业于中国大学法律系，曾担任《成都群报》和《川报》的驻京记者。他联络同乡，以少年意大利党和少年德意志党为榜样，筹备了少年中国学会。筹备期间曾多次和李大钊商量，李大钊也加入了该会，他准备放弃以往一直抱着的对于党派、上层人物的期望，改为要为了中国创造新生命，开辟新纪元，他和这些青年一起投入到社会改造的实践中。筹备了一年之后，少年中国学会于1919年7月正式成立。学会的宗旨是本着科学的精神，为社会的进步发展活动，以创造"少年中国"。李大钊担任编辑部主任和编译部编译员，他一直是少年中国学会的骨干成员。一些进步学生如黄日葵、许德珩、邓中夏、刘仁静等都先后加入了该会，其中很多是李大钊介绍加入的。中国共产党的一些著名早期人物如毛泽东、恽代英、张闻天等也是由李大钊介绍入会的。

李大钊和毛泽东在少年中国学会筹备期间便有了接触。1918年10月，毛泽东同二十多名赴法勤工俭学的湖南青年来到北京，经过杨昌济老师介绍，在蔡元培的同意下，毛泽东被安排到北大图书馆担任助理员。自那时起，毛泽东经常向李大钊请教，李大钊组织学生研讨各种思潮，毛泽东也积极参加，而在此之前毛泽东已经在长沙组织过新民学会。虽然毛泽东在北京结识了一大批文化届名人和新文化运动巨匠，如陈独秀、胡适、邵飘萍、陈公博等，但毛泽东接触到俄国革命和社会主义思潮则却是在李大钊那里。所以在北京与李大钊的这些接触对毛泽东选择共产主义道路产生了关键性的影响。

李大钊热情地讴歌俄国革命，对俄国式道路充满信心，他宣传社会民主主义必将是世界潮流趋势。这些观点对毛泽东影响较大，他对毛泽东主张全世界民众大联合、平民主义和对抗强权，以致最后接受马克思主义是具有关键意义的。毛泽东在后来同美国进步人士埃德加·斯诺谈话时，说到在李大钊身边当助理员的时候，他迅速地转向了马克思主义。

三、关怀、鼓励青年

李大钊非常关怀、照顾青年人的学习和生活。罗章龙回忆他和李大钊第一次见面时说，当时北大规定新生必须有本校教师两人签字盖章具保才能入学。初到北京的罗章龙人生地疏，想起在杂志上见过李大钊的名字，就去红楼拜访李大钊。当时李大钊很忙，但得知他的来意后，还是立刻就给他签字具保了。还说，"如果有像你这样想来北京学习的同学，也可以来找我"。罗章龙对李大钊的谦和与慷慨助人的品格非常敬佩，学生们也乐意与他接触。有一个学生叫曹靖华，他在北大俄文系当旁听生，因为交不起学费不能再听课了。李大钊知道后，立即给会计科写了信，让他们从自己的薪水中扣钱为曹靖华交学费。李大钊经常这样做，蔡元培看到后，觉得他一心只想着天下的寒士，不顾自己，就偷偷告诉会计，发薪水时先把李大钊家庭的日用扣下来，免得李大钊家里无以为计。在李大钊的周围，逐渐聚集了一大批进步青年，这些青年都把他奉为导师，在他的革命思想和崇高道德熏陶下，迅速成长，成为祖国和民族的栋梁。

李大钊鼓励青年人为实现人生的价值而奋斗，他是青年人的良师益友。他大声呼唤："青年人快快起来，去作人的活动。青年人应该有自己的人生目标，努力奋斗，实现自己的人生价值。"李大钊对青年人的愿望带着舍身救世的色彩。他说："青年应该在寂寞的方面活动，不要在热闹的方面活动；应该在痛苦的方面活动，不要在欢乐的方面活动；应该在黑暗的方面活动，不要只在光明的方面活动。寂寞的黑暗是产生黎明的源头，寂寞并不是一种苦境，实在是一种乐境，要认识真趣味、真光明。苦与乐是相对的不是绝对的，乐与苦是相伴的，人参加劳动是求乐的好办法，而一切的苦难都可以通过劳动解脱。但劳动又有痛苦的一面，所以很多人好逸恶劳。"李大钊告诫青年人："要了解是什么人在受苦，苦在何处？用什么办法可以解除他们的痛苦；青年们不能独自享受光明，要承担起解救黑暗中同胞的责任。为此，青年要走进社会，走入民间，了解他们的疾苦，解救他们的苦难，舍己为人，舍身救世。"李大钊对青年人的期望正是他自身的写照，他一直为中国人民的解放事业求索奋斗，直到献出自己宝贵的生命。

第四节 转向马克思主义

一、五四运动的主将

李大钊是五四运动的骨干。一战结束后，战胜国在巴黎凡尔赛宫举行和会，中国作为战胜国也派出了代表参会。由外交总长陆征祥带领，成员包括南方政府代表王正廷、驻英公使施肇基、驻美公使顾维钧、驻比利时公使魏宸组等。在这次和会上，日本以战胜国的姿态提出无条件继承德国在中国山东的各项权益。而中国政府居然相信了"大好人"美国总统威尔逊提出的不承认秘密外交的主张，借和会之机提出收回包括山东在内的所有列强掠夺的中国主权，并且趁着此次和会废除袁世凯政府和日本签订的"二十一条"。但和会并不站在中国这一方，号称坚持"公理"的西方列强不过是谋求本国的利益，他们牺牲弱国利益，拒绝了中国在和会上提出的维护领土主权完整的主张。作为战胜国的日本却得到了它想要的好处，中国外交彻底失败。这个消息传到国内，国人顿时从一战胜利的幻想中被打醒了。1919年5月4日，北京的十多所高校三千多名学生在天安门举行游行示威，不承认秘密外交，不承认"二十一条"，要求收回青岛和山东的权益，要求出席和会的代表拒绝在合约上签字，同时罢免了中国出席和会的3个主要代表。愤怒的学生火烧了曾参与签订"二十一条"的交通总长曹汝霖的住宅赵家楼，痛打了驻日公使章宗祥。五四运动就这样以学生运动为先开始了，学生们组织讲演、罢课，教师、市民、商人、工人等各个阶层也参加了这场全国性的爱国运动，工人阶级在这场运动中作为一个独立的阶级登上了历史的舞台，并在五四运动中显示出了巨大的力量。工人罢工后，代表团没敢在合约上签字。这场波及到二十多个省、一百多个城市的民族运动胜利了，"五四运动"是中国人民民族感情的一个总爆发。

五四运动深受新文化运动的影响。陈独秀的改造国民性从青年开始，李大钊、高一涵等人完全支持。《每周评论》主要评论国内外的大事，对列强的侵略行径和军阀官僚政客的贪婪专制进行揭发和抨击。《每周评论》提出主张公理，反对强权的宗旨，不允许强国用强权来侵害他国及百姓的平等自由。在巴黎和会失败后陈独秀说威尔逊是"威大炮"，质问西方公理何在？新文化同仁的这些主张和思想大大激发了青年学生和人民群众的爱国民主意识。所以在巴黎和会失败后，以学生为先导掀起了声势浩大的爱国运动。李大钊提醒中日两国的人民，不应该让两国军阀在那里捣鬼，要立刻废除之前所签订的秘密条约。

　　李大钊用自己的笔触揭露了西方外交的真相，写下了《秘密外交与强盗世界》一文。他用"强盗世界"来震醒中国人的美梦。他说："中国人都要觉悟一个事实，欧战胜利是人类和平、人道的胜利不过是虚假的美梦。现在的世界是强盗的世界，中国人反对巴黎和会是分赃会议，并不是一种狭隘的爱国心，而是反对西方的侵略主义，反对强盗行为和强盗逻辑。中国近代以来受到列强控制，外交上丧失了独立性，总是按'以夷制夷'的原则来行事，西方的公理是靠不住的。中国人要改造这个强盗世界，不承认秘密外交，要实行民族自决。"这些理论和呼声成为五四运动的重要指导。

李大钊始终是中国思想启蒙的先声。他用自由平等、世界解放的呼声来震动死气沉沉的中国思想界；他号召青年为自己的理想而努力奋斗；他警告那些旧势力，用一贯的强力来压制进步的新生力量，除了激发革命外，不会有任何收获。而他最后的思想落脚点在伟大的马克思主义上，他号召有志之士为着布尔什维主义和社会民主主义而奋斗。

二、发表《我的马克思主义观》

就在五四运动的前后，李大钊开始研究社会主义和马克思主义，撰写了著名的介绍马克思主义的文章——《我的马克思主义观》，这篇文章标志着李大钊开始转向马克思主义。从此他坚定了自己的共产主义理想，成为中国马克思主义运动的先驱。

李大钊在日本时接触到安部的社会主义思想，但那是把宗教和社会主义杂糅在一起的观点。李大钊曾经介绍的托尔斯泰的观点也和社会主义有相似之处。但李大钊真正接触到马克思主义是在十月革命以后，真正研究马克思也是在十月革命后,他当时看到了日本学者河上肇于创办的杂志——《社会问题研究》。河上肇于是留德法学博士,还是一个社会经济学专家,他曾是京都帝国大学教授,主要讲述经济学史。他1919年开始研究马克思主义,逐渐成为著名的马克思主义理论家。李大钊对他写的《有关马克思和社会主义理论体系》一文非常感兴趣,并在1919年4月、5月间重点研究了这方面的文章,并搜集了很多资料。

李大钊还在《晨报》上开辟了一个"马克思研究"专栏,并为此下了很大一番功夫,而《我的马克思主义观》就是他的研究成果,这篇文章长达2万6千余字。他在文章中说自己平时对马克思的学说没有太多研究,听说马克思故乡的德国人说50岁以下的人是无法理解马克思主义的,所以觉得自己是不自量力。但是俄国革命以来,马克思主义风靡世界,而德国、奥匈帝国的很多革命者也奉行马克思主义。所以马克思主义很引人注意,也有很多的误解,为了澄清这些误解,他写了这篇文章。

首先,马克思主义在世界经济思想史上有很重要的地位。世界的经济思想分三大派系:一个是个人主义经济学,即资本主义经济学,以亚当·斯密为鼻祖,承认资本主义社会的经济组织的合理性，承认个人利己主义的经营活动的正当性；人道主义经济学是第二大派系，这个派别认为无论经济组织改到怎么好的地步，如果人心不改造，仍然贪得无厌，自私自利，那么还是没有改善的希望，所以这个派系否认经济上的个人利己活动，要用爱他的动机代替利己的动机；第三种经济思想是社会主义经济学，这种思想认为社会上发生的种种弊端都是因为经济组织不良的缘故，经济组织一改造，其他一切精神现象都跟着改造，社会主义经济学主张从根本上改造现在的经济组织。人道主义经济学派别是人心改造论，途径在于道德革命，用精神力量拯救世界。而社会主义经济学则主张组织改造，关键在于进行社会革命。马克思是社会主义经济思想的代表，他用科学的论证方式论证了社会主义经济组织成立的可能性和必然性，以劳动者为本位的经济学取代了资本为本位的经济学，开创了社会主义经济学改造世界的新纪元。

  李大钊将马克思的理论分为关于过去的理论即唯物史观、关于现在的理论也就是马克思主义经济学和关于将来的理论即社会主义的理论。他介绍比较多的是唯物史观、阶级斗争学说和剩余价值学说。

关于唯物史观，李大钊认为它不是马克思所独有，圣·西门等空想社会主义者就已经提到了这个观点，承认经济现象的发展变化是其他社会现象的决定因素，经济构造是社会的基础构造，全社会的表面构造都是依经济构造的变化而变化。马克思认为最高动因就是社会生产力。李大钊完全确信唯物史观原理的正确性。他认为人类社会生产关系的总和构成社会经济的结构，生产力决定生产关系，决定人类的精神、意识、主义和思想。马克思的唯物史观认为生产力变化了，生产关系中的因素也要跟着变化，包括社会组织、人类的社会意识，等等。如果社会组织不适应生产力发展的程度，反而会束缚妨碍生产力的发展，所以两者会有矛盾冲突。

关于阶级斗争，李大钊认为这个理论是和唯物史观有密切关联的。阶级斗争是一种压迫和反压迫的斗争，而其发生的根源产生于一定经济结构中处于不同经济地位的人们之间的经济利害关系，它是被压迫者阶级自觉地一种表现。李大钊运用唯物史观分析后认为，阶级斗争是阶级之间经济的对立，不断的斗争使经济进化，直到发生新的平衡为止，这种新变化会产生一种新的社会结构，阶级斗争将随着新社会结构的产生而归于消灭。有人认为唯物史观所认为的人类历史发展是有着不依人的意志为转移的规律性，这是一种"命定"的理论，放弃人的活动的积极性。但李大钊说马克思恩格斯在《共产党宣言》中号召劳工阶级联合起来，推翻资本主义，就是在提倡人的活动积极性，社会主义革命必须依靠劳动人民，社会主义终将代替资本主义，这是一种伟大的信仰，和唯心宿命论完全不同。

李大钊否认马克思的学说完全抹杀了伦理观念。马克思将人类历史分作两个阶段，一个是前史，一个是后史。前史是经济结构建立在阶级敌对基础上的历史，伦理道德不会改变由经济地位不同所造成的阶级对立和斗争。不过马克思断定，这一人类的前史将与资本主义制度以及阶级斗争一起灭亡，随后将是人与人之间互助、没有竞争的真正历史。尽管这样，李大钊也认为对伦理道德价值不够重视是马克思唯物史观的偏颇。他提出，在人类向真正的历史过渡的时期，应该加强人道主义运动，加强伦理的感化，使人类在前史中养成的种种恶习，不单单依靠物质的变更而是可以依靠伦理道德的影响予以去除。李大钊主张用社会主义改造经济组织、人道主义和人类精神，认为物质和心灵的双重改造才是真正的社会改造。李大钊举起两只手实践他的社会主义理想，一只手改造社会制度，一只手改造道德伦理。

李大钊在《我的马克思主义观》下篇中介绍了马克思的经济学说和无产阶级解放学说。认为马克思的经济学说分为两个要点，一个是剩余价值学说，一个是"资本集中"说。李大钊比较通俗地解释了资本主义生产中的有关概念，如商品价值、资本的增殖等，以此揭露资本家剥削工人的秘密。而"资本集中"加重了无产阶级的贫困，资产阶级和无产阶级的阶级斗争必然不断加剧，无产阶级终将成为资本主义制度的掘墓人。

这篇文章是中国历史上第一次较为完整、准确地介绍马克思主义的文章。李大钊这个时候对马克思主义进行了批判、评论，但是辩护多于批评。李大钊是从马克思主义对于俄国革命的指导意义这个角度去认识这一学说的。俄国革命已经为这个理论改造社会提供了实践榜样，因此对马克思主义的研究主要是探讨俄国革命成功的原因，同时也为中国革命找到一个可以指导的有利武器。虽然李大钊对马克思主义的理论了解得不够全面，有些解释也不够准确，但是他的理解奠定了他接受马克思主义的基础。他开始运用马克思主义来观察中国,来解释和解决中国的问题。而他的态度一开始就沿着正确的轨道,那就是马克思主义的理论是可以学习的,但是必须结合中国的实际情况,理论联系实际地运用马克思主义。

第七章　参与创建中国共产党

第一节　南陈北李相约建党

一、提议创建共产党

1921年7月23日，中国共产党在上海租界里召开了第一次全国代表大会，从此，领导中国革命的伟大力量诞生了。但是这场在上海法租界贝勒路树德里3号发生的改变中国命运的事件，重要主角却缺席了两位，一位是陈独秀，另一位就是李大钊。

李大钊在热情地介绍马克思主义的同时也坚定了世界主义和共产主义信念。他从原来的提倡民族主义和民主政治的民主主义者变成了以阶级论为代表的马克思主义者，他将革命实践转向了底层民众。在政治观点上，他放弃了原先的调和论。他说:"我劝主张调和的人歇歇罢!调和的人天天忙,天天担忧,天天夹在新旧之间,受些闲气,结果还是两不讨好。调和要让位于时代。"也就是说,是改良还是革命,是不以人的主观意志为转移的,社会的发展决定了社会意识的取舍。他用经济观点解释中国近代思想变动,说道德等上层建筑意识形态是随着经济基础变化而变化的,如过去物质资料匮乏的时代,老人的经验是社会的需要,所以敬老成为美德;而到了工业时代,敬老的目的则变为尊敬老人一生为人类的奋斗进步而做出的贡献。他还用经济原因解释了一战之后欧洲社会道德的堕落,他也从经济角度来解释近代的思想变化,认为中国一直以来都是农业生产方式,所以孔学和家族制度是支撑旧社会的思想支柱,而随着近代西方国家侵略中国,先进的工业、科技传入中国,中国的社会经济出现了二元化,一方面中国农业无法承受工业的压迫,所以中国出现了大量破产的手工业和旧产业,使中国成为了外国商品的倾销市场和原料来源地。另一方面中国的工业也在发展之中。而在这个过程中,中国全体国民成了世界无产阶级,甚至流为兵匪、廉价劳动力,备受压迫虐待,所以中国的无产阶级最痛苦,也因此他接受了马克思主义学说和无产阶级解放学说。李大钊的民族情感和世界主义信念结合到了一起。李大钊认为无产阶级就是那些没有财力完全靠劳力吃饭的人，而这些人在中国受的苦最深，所以无产阶级解放的理论也被李大钊当作解放无产劳动者、解放庶民和劳苦大众的理论。

作为五四运动总司令的陈独秀早就被北洋政府看做"过激派"首领，1919年6月11日晚，他因散发《北京市民宣言》传单而被捕，出狱后，李大钊写了一首白话文诗送给他：

你今出狱了，

我们很欢喜。

他们的强权和威力，

终竟战不胜真理。

什么监狱什么死，

都不能屈服了你，

因为你拥护真理，

所以真理拥护你。

……

你今出狱了，

我们很欢喜。

有许多的好青年，已经实行了你那句言语：

出了研究室便入监狱，

出了监狱便入研究室。

他们都入了监狱，

监狱便成了研究室，

你便久住在监狱里，

你不须愁着孤寂没有伴侣。

陈独秀实践了他的"出研究室便入监狱"的话，而出了监狱的陈独秀也再次进入研究室。1920年1月，他赴朋友之约去了上海，2月初又从上海去了武昌，在武昌文化大学发表了几天演讲。当他从武昌返回北京后，警察很快对他实行了跟踪。陈独秀觉察后，只好逃到北大王星拱教授家中。李大钊和高一涵商量了一个掩护陈独秀逃出北京的办法，并亲自护送陈独秀。他雇了一辆骡车，两人都改变了装束，陈独秀换上了王星拱家一个厨师的衣服，戴着毡帽，穿一件油渍满身的衣服。李大钊则驾着骡车，带着账本。沿途李大钊负责食宿，生怕陈独秀暴露出南方口音，就这样将陈独秀送到了天津，并购买了船票，让陈独秀坐船前往上海。在护送陈独秀离京的过程中，两人商讨了在中国建立共产党组织的问题。

二、建立共产党早期组织

在有了共产党组织建立的动议后,中国共产党的早期组织在上海、北京、长沙、武汉、济南、广州和日本、法国的中国学生中间先后出现了。而李大钊就是北京的共产党早期组织的主要筹划者。

从1920年3月开始,北大的部分学生组织了一个马克思学说研究会。主要成员有罗章龙、邓中夏、黄日葵、刘仁静等。学会主要阅读、翻译马列著作,比如《共产党宣言》、《共产主义原理》、《雇佣劳动与资本》等。学会的许多成员后来都加入了北京的共产党小组。马克思学说研究会成立后,经过几次交涉,得到了蔡元培支持,学校还专门拨出西斋宿舍中两间宽敞的房子,作为马克思学说研究会的办公会址。房子里设施一应俱全,还有家具、书架和火炉,学校派勤务员值勤。李大钊、高一涵等经常被聘去做讲演,他的《马克思经济学说》的专题讲演非常受欢迎。

李大钊和张申府、张国焘制定了发展党员的计划目标,李大钊每月拿出80元作为党的活动经费,而且他还对北京地区党组织成员和党外马克思主义理论感兴趣的人进行理论指导，促使更多的人转向和坚定马克思主义信仰。罗章龙曾回忆到："十月革命后一两年，我们开始较多地翻译一些马克思主义著作，这中间李先生也亲自参加了……我们一面翻译，一面研究，慢慢地对马克思主义的认识也提高了，感到很不满足，认为只靠少数人从事这项工作是不行的，要求有更多的人来共同学习和研究马克思主义。这时，我们在李先生指导下，开始想到酝酿组织马克思学说研究会。"

李大钊扩大共产党小组的工作也曾遇到了一些挫折。英国哲学家罗素来到中国发表演讲，认为中国的出路应该是发展实业，令教育与实业并重。张东荪撰文表示赞同，并且说自己希望的是基尔特社会主义形式，即发展行会组织，不必建立劳动阶级的政党进行无产阶级革命。北京的社会主义研究会有人也抱持这种观点。而李大钊并不赞同张东荪，他说一些人认为发展实业是稳妥的办法，但是要在现存制度下发展实业，只能愈发强化现在的统治阶级而迫使下层民众为少数的统治者阶级付出更多的劳动。但社会主义研究会大多数人并不认同李大钊的观点，所以李大钊争取他们加入共产党小组的努力失败了。

另一个挫折来自于对无政府主义者的争取，一开始北京的共产党小组有一部分人是无政府主义者，如黄凌霜、陈德荣、华林等。无政府主义者崇尚个人绝对自由，反对一切权威，所以反对无产阶级专政。他们在开会的时候，甚至不设主席，不设记录，大家自由分担，这样便造成小组日常工作的困难。而马克思主义者和无政府主义者之间也发生了激烈辩论，最后无政府主义者认为道不同不相为谋，最终退出了小组。这也使马克思主义者与无政府主义者划清了界限。

1920年11月底，北京的共产党小组改为中国共产党北京支部，李大钊担任支部书记，张国焘和罗章龙分别负责组织和宣传，支部成员有13人。

除了北京的共产主义小组，李大钊还建立了社会主义青年团作为党的外围组织。青年团的主要领导人是张国焘和刘仁静。当时有一个北洋政府军统衙门的人打入了这个青年团作了特务，从特务留下的档案可以得知，李大钊经常参加社会主义青年团的活动，是起着主要作用的人物。

李大钊的北京共产主义小组也辐射至北方其他地方的共产党早期组织。天津是李大钊的主要活动区域。这是他的第二故乡，也是母校所在地。周恩来于1919年9月在天津组织了觉悟社，李大钊曾趁着去天津讲演的机会和觉悟社的成员进行座谈。1920年8月，觉悟社的代表周恩来等11人到北京邀请北京的青年互助团、少年中国学会等成员组织联谊会，使得李大钊和天津青年的接触更多，也更熟悉了。数月后，李大钊、张国焘指示北京支部的张太雷和原觉悟社成员谌小岑组成了天津的社会主义青年团小组，联络了一些唐山工人，很快便有唐山工人加入了中共北京支部。与此同时，李大钊又指导方舟等人成立了天津社会主义青年团。济南的共产党早期组织是北京和上海小组共同帮助建立的。王尽美和邓恩铭是主要成员，王尽美在五四运动时和罗章龙有过联系，还曾加入过北大的马克思学说研究会，成为通讯会员。因此他常到北京，李大钊和他接触后，指导他建立了济南的共产党早期组织。

罗章龙说："李大钊非常的谦虚谨慎，在领导方面尊重群众想法，干部使用上大胆且信任同事。李大钊能够团结同志，经济管理上很艰苦，勤俭为本，不争权夺利，总是埋头苦干。"这和鲁迅对李大钊的印象是一致的。1918年1月，李大钊见到了鲁迅，鲁迅回忆见到李大钊时说："总之，他给我的印象是很好的，诚实、谦和，不多说话。《新青年》的同仁中，虽然也很有喜欢明争暗斗，扶植自己势力的人，但他一直到后来，绝对的不是"。

第二节 领导工人运动宣传社会主义

一、领导北方工人运动

中国共产党成立之后，在马克思主义理论的指导和国际共产主义运动的经验指引下，很快在上海、广东、湖南、湖北等地开展了大规模的工人运动，而北方的工人运动也广泛地发动起来。

李大钊和张国焘等北京区委的同志组成了中国劳动组合书记部北方分部，主要负责北方各省的工人运动领导工作。下辖范围为河北、山东、山西、河南、陕西、热河、察哈尔、绥远、甘肃、东北三省等大片区域。而工人运动的主体是北方铁路工人和开滦煤矿工人。他们为工人组织职工学校和工会、工人俱乐部等组织，创办刊物为工人发声，这些活动的目的是为中国工人争取自己的利益。为此，中国劳动组合书记部在中共领导下于北方开展了几个声势浩大的罢工运动，运动集中在铁路工人和煤矿工人中间。

李大钊虽然没有直接参与具体工作，但是李大钊是中国共产党北方组织的核心领导，所以他对工人运动给予了很大的关心和指导。1921年，长辛店工人补习学校出现了经费困难，李大钊主动筹措经费帮助学校度过了这次财政危机。1921年1月，郑州铁路职工学校创立。同年3月，李大钊到郑州视察和指导工人运动，据当时一个老工人回忆，李大钊到学校与工人一见面就说："职工们都好啊！你们要好好学文化、学技术，你们工人可不矮呀，工人够上天那么高呀！"说着还回身到黑板上写了一个"工"字，又在"工"字下面写了一个"人"字，两个字一连，就是"天"字。李大钊说："你们好好学习吧，好好努力，工人的前途远大得很呢！咱们中国四万万同胞，两万万男子，两万万女子，要并肩前行，将来建设社会主义，建设一个好的中国！"工人们很受鼓舞，他走后不久，郑州铁路工人便组织了自己的工人俱乐部。

1921年11月陇海路铁路工人举行罢工，李大钊在区委扩大会议上，讨论支持工人罢工的方案，并且亲自去前方联系罢工。李大钊是北方地区中国共产党的中央委员，所以李大钊经常组织和参加区党委会议。包惠僧回忆说："李大钊在同志中，年龄最长，地位最高，所以我们在工作中遇到困难就去找他，他都热情地接待我们，他对同志们的意见总是虚心听取，谨慎考虑，他从没有因为自己的工作忙，把区党委给他的工作任务推出来或者压下去。"

李大钊还在这一期间进行了工人运动的宣传和鼓动工作。他在"五一"劳动节前后发表了讲解工人运动史的文章，号召中国伟大工人的觉醒。李大钊对中国工人运动的胜利充满了热情和信心，在资产阶级时代向无产阶级时代转变的世界潮流之中，虽然早期的工人运动很幼稚，却是顺应历史发展的伟大运动。

湖南工人运动遭受了挫折，劳工会的领导人黄爱和庞人铨遭遇不幸，被军阀赵恒惕杀害。李大钊为《黄、庞流血记》写了序文，沉痛地哀悼这两位劳动阶级的先驱，号召后来者要继续先驱们的未成事业。北方工人罢工的口号如"争取八小时工作制"、"改善工人待遇"等也有李大钊宣传工人运动的功劳，他在"五一"劳动节时撰文解释工人运动的内容，让工人们意识到自己的权利。李大钊被誉为劳工问题的专家。

李大钊凭着自己多年的人际交往，联络了二三十名国会议员和社会各界名流，争取使这些人间接地支持工人罢工运动。他们在政府上层中为工人发声，有的议员在议会中当面质问当局工人的权利问题；有的为罢工组织募捐；有的人为罢工提供情报或者掩护；有两三个议员还亲自到长辛店对工人表示支持。

李大钊还曾介绍了很多党员到京汉铁路担任密察员。1922年的直奉战争中，奉系军阀失败了，而当时奉系军阀极力保护的交通系内阁随之倒台，徐世昌也被黎元洪取代了总统之位。黎元洪任命颜惠庆为国务总理，直系控制的内阁上台了。直系军阀吴佩孚的同乡高恩洪作了交通总长。当时直系军阀想要铲除铁路系统中的交通系势力，所以白坚武就向高恩洪建议在津浦、京绥、京汉、京奉、正太、陇海等铁路派出密察员，调查交通系骨干人物的活动。高恩洪允许后，李大钊便介绍了一些共产党员如张昆弟、陈为人、包惠僧、袁子贞等去做密察员，名义上是密察交通系势力，实际上是联络和组织工人运动。共产党员每月的工资除了自用外，其余都交给党组织，用以补充活动经费，京汉铁路工人运动便在这些密察员的掩护之下广泛地进行着。京汉铁路上成立了16处工人俱乐部，有力地推动了北方工人运动的发展。

二、宣传平民主义

李大钊是政治学教授，他对平民主义和民主思想的探讨和宣传十分注重。他一直都为了民主革命在无私奉献着，参加游行、罢课，进行思考、辩论、呐喊、宣传。李大钊一生都在追求着民主的实现。

李大钊转向了马克思主义，随之而来的问题是他原来所追求的民主和社会主义理想是不是有矛盾，无产阶级专政是不是民主制度。社会主义革命的理想是：到了无产阶级专政的时代，国家便消亡了，社会上已经实现了完全的民主。但杜威、罗素等西方资产阶级学者则认为苏维埃的无产阶级专政制度不是民主制度。

李大钊等中国知识分子在接受社会主义的时候，是将它和民主主义一并接受并且将两者同等对待的，这两者合而为一就变成了一个新的词汇——平民主义。平民主义是五四运动时期流行的民主的翻译语，民主的范围扩大了，不仅存在于政治中，而且存在于经济、教育、文化、社会等各个领域；民主不再是资产阶级的特权，而是应该为一般平民所共有，这既是民主也是社会主义的目标，李大钊便在此意义上宣传民主思想。他力图说明民主社会主义和无产阶级专政是一致的。他认为民主并不是一种固定的形式，而是一种人生的追求，是一种精神气质。民主已经不是指某种具体的国家制度，它是世界发展的潮流，是如同宗教一样的伟大信仰，是对人的权利的张扬和追求。他通过歌颂布尔什维克主义来歌颂民主。他说："现在有一种平民主义的大潮，遍布社会生活的各个方面，包括政治、社会、产业、教育、美术、文学、风俗，甚至是服饰没有不带有平民主义颜色的。平民主义崛起在欧洲，随着近代轮船、新闻、电报的力量，来到亚洲，震醒了东方的专制社会。平民主义成为人们的一种信仰，就像欧洲人对宗教的信仰，无论是文学、戏曲、诗歌还是标语，如果不是高举平民主义的旗帜，就不能被传播，就得不到群众的讴歌。平民主义所到之处，高奏凯歌。这种平民主义的民主和社会主义的向往是一致的，反对压迫，主张平等，尊重个人自由是民主和社会主义共同的核心精神。

"马克思主义的共产主义理想和民主也并不矛盾，共产主义社会里，阶级都被消灭，没有压迫，没有剥削，人人平等，这也是民主要达到的境界。平民主义就是要在政治上、经济上、社会上将一切特权完全打破，让全体人民都做国家的主人，政治机关是为全体人民服务的，人民有自由权利，不受外来干涉和侵犯。"

总结起来，李大钊认为，"在平民主义政治下，国家不分阶级，人人平等，没有政治倾轧，政治目的是对物的管理。政府的决策取向是少数服从多数，少数和多数之间也是一种自由认可的关系。在平民政治之下，个性大解放，个人和团体互助，男女实现平等，没有侵略主义和大主义横行，就如同共产主义时代的美好大同理想"。

这些平民主义的欢呼为人们指出了光明的前途——社会主义和共产主义，也号召无数人去为实现这个目标而努力奋斗。

三、宣传社会主义

李大钊热情地宣传社会主义，主张社会革命，对那些非马克思主义的观点进行了批驳。李大钊在《曙光》杂志发表了《社会主义下之实业》一文，批驳了张东荪的振兴实业必须依靠资本主义的论点。"俄国在社会主义制度下也兴建了大量的铁路和计划大面积垦荒，社会主义发展实业是有利无害的。资本主义制度下发展实业的缺点是劳动力不能充分使用，资本不能集中，而社会主义制度下发展实业便可以解决这两个问题。中国不缺乏资本，但是资本是被垄断在外国银行家手中，他们不肯投资振兴实业；中国也不缺乏劳动者，但是劳动者都为外国资本家当牛做马。社会主义制度却可以用强制的办法将劳动力、资本和资源集中起来，消除官僚资本对中国发展实业的阻碍。"李大钊认为世界发展的趋势是实现社会主义，中国必须适应这个趋势。中国虽然没有经过欧美、日本等国的资本主义，但是由于平民遭受到资本主义经济组织的压迫，中国工人阶级较其他国家的劳动阶级尤为悲惨痛苦，所以，在中国必须废除保护资本家的制度，实行社会主义是中国社会发展的必然结果。

社会主义是一种更好的社会秩序，是对现存社会秩序的批判，社会主义取代资本主义是用好的秩序代替坏的秩序。工人夺取政权，社会主义取代资本主义，这是变不人道为人道，是历史的必然选择。

社会主义的实现是通过国有化来进行的。社会主义的组织是生产的社会化，可以收归国有的机关，包括铁路、矿山、轮船、运输行业、制造工业、大商店，银行以及除自耕农用地外的所有土地。未来的社会主义是生产集中于大工厂，分配集中在大中心，市场运输统归国营，由国家来安排整个生产过程，这样可以合理地配置资本、劳力和各种资源。在社会主义制度下，工人的生活也会达到新的水平。在社会主义制度下，虽然阶级差别不存在了，但是社会阶层还是可以划分为专家和普通的劳动者。专家是在政府中对普通劳动者给予指导的，他们之间的关系不是统治与被统治，而是经济上的合作关系，是管理和被管理的关系。

实现社会主义需要经过三个阶段，一是夺取政权，二是实行生产与交换机关的社会化，三是建立生产、分配及执行一般事务的组织。而对于夺取政权的手段，李大钊则比较倾向于革命。和平改良在中国总是失败，革命虽然也有失败，但是也有成功，他想用革命的办法使无产阶级实现专政，并建立相应的政权组织。

很多人对社会主义制度有疑虑，李大钊在上海大学庆祝俄国十月革命六周年纪念日时发表了演讲，进行了答疑解惑："社会主义不是贫苦，贫苦是资本主义经济危机和贫乏造成的。社会主义则是要人人过上安逸幸福的生活，是有计划地增长经济。社会主义制度下的劳动者不会怠工，因为在资本主义制度下工人劳动是痛苦的，而社会主义制度下是愉快舒适的，所以虽然会有一些人是有惰性的，但大多数人是愉快的"。有些人认为社会主义制度下不自由。李大钊说："经济上的自由才是真的自由。资本主义制度下是少数资本家的自由，大多数的贫苦劳动者是不自由的。"李大钊的这些宣传为那些接受马克思主义的人们指明了方向，并鼓舞了社会主义者和工人运动的士气。

四、为妇女呐喊

为妇女呐喊，是李大钊平民主义的特色之一。李大钊的妻子赵纫兰比他大6岁，所以妻子给予李大钊更多的是姐弟之情，甚至是慈母之爱。她是一个聪明干练的女性，是非常有见识的女子。她对他温柔体贴，勇敢地承担起家庭的重担。李大钊对妻子承受长期的分离的痛苦和担负家庭的坚韧有着很深的感悟。李大钊在接受新思想后，认为婚姻应该是和爱一致的，如果结婚后还有其他恋爱者，就应当彻底离婚，与所爱的人结合。凡是没有爱情的婚姻都应该终止。李大钊的婚姻和新文化的其他领袖不同，陈独秀因为和原配夫人高大众感情不和，便同高大众的妹妹高君曼成婚，而胡适则顺从母命和从未见面的农村女孩结婚了。李大钊的婚姻成功的原因是他和妻子的感情非常好，这种感情超越了夫妻之情，而是一种同甘共苦的情感。李大钊从自己的经历中总结为女子的平和、优美、慈爱是和睦家庭的基础，所以他认为社会上不应该缺少这样的女性，所以他便开始不遗余力地探讨妇女问题。

妇女问题集中在妇女的政治权利和经济解放这两个问题上。李大钊认为，妇女参政应该是现代民主主义精神的体现，男女应该平等，妇女应该拥有自己的法律地位、社会地位，社会上应该去除对妇女的偏见，妇女们是社会政治中不可或缺的角色，她们是有参政能力的。如果把女人排除在社会生活之外，那社会会变得专制、刚愎、横暴、冷酷，是没有民主精神的。男人的性格中有专制的成分，妇女的平和优美可以对男人的这种性格起到调节作用，所以平民主义运动首先要提倡妇女解放，使她们可以在新社会中对男人的专制暴力进行感化。

如何实现妇女平等解放呢？首先应该在宪法中为妇女权利实现做出具体的规定，去除一些不平等规定，如制定婚姻法，修改关于重婚和纳妾的不平等规定，禁止妇女买卖，规定女人可以做官，女人可以接受教育，女人与男人应该同工同酬等。

　　李大钊认为在中国尤其应该注意的是废除娼妓和解决家庭问题。娼妓是不尊重人道的，是对人格的侮辱，是对生活的侮辱，应该立法废除娼妓。在家庭生活中，男女应该平等，实行一夫一妻制，彼此以爱为纽带，自由恋爱，自由结婚，婚姻是相爱的人之间的一种合作关系。李大钊的这些观点为中国共产主义妇女运动的开展奠定了思想理论基础。

第八章 开展统战工作推动国民革命

第一节 推动国共合作

一、早期统战

李大钊的早期统战工作是从支持胡适的"好政府"实践开始的。

在许多新文化知识分子转向马克思主义的时候，胡适则转向倡导建设"好政府"。"好政府"就是希望有机构能够对政府实行有效监督，防止腐败等不法行为，并使这个政府可以充分地发展，容纳个人自由。"好政府"要实行宪政，"好政府"是"好"人，即优秀分子和恶势力斗争的政府。而在具体的民国初期的"好政府"实践中，胡适希望南北举行和会，解决国会、宪法和裁兵等问题，并能够形成监督和会的舆论。民国初期需要整顿官制，改革选举制，并通过公开会计、财政的办法来建立"好政府"。这个理想带有明显的书生意气和空想主义的色彩。胡适对李大钊非常信赖，他写好文章后便给李大钊打电话。李大钊做出了表示参与合作的决定。因为当时中共"一大"把主要的精力放在领导工人运动方面，力量还十分弱小，长辛店铁路工会刚刚成立，党内对于国内政治还没有具体的方针，这个时候中国共产党也没有明确民主革命的纲领。第一次直奉战争后，国家局势又发生了变化。"好政府"的实现似乎成了一种政治选择，胡适、蔡元培等都在推动着"好政府"的实现，所以在这种情况下李大钊赞成并支持了这种主张。

以陈独秀为代表的上海同志则不赞成"好政府"主张，认为这种主张会让人产生改良的幻想，阻碍革命思想发展。而中共中央也表示了对这种观点的不赞同的。李大钊看到后，表示同意，认为时局发展也对"好政府"不容乐观，上海的主张是正确的。李大钊告诫青年人，不能相信军阀能实现民主政治，让中国人民摆脱苦难的方法是用革命的手段，实现民主主义的政治。虽然如此，李大钊的统战工作并没有中止。

就在胡适等人讨论"好政府"主张的时候，李大钊正按照共产国际的意见在做军阀吴佩孚的思想工作。1922年，中国共产党"二大"决定参加共产国际，在很长一段时间里，共产国际是中国共产党的实际领导者，中共也从共产国际取得了很多援助。而"联合吴佩孚"是当时共产国际在建立初期为中国制定的策略方针。共产国际一成立，就派人到各国访贤，在中国，他们不仅访了陈独秀、李大钊，还访过戴季陶、黄介民等人物，在北方访了吴佩孚，在南方访了孙中山。吴佩孚是民国初期的一个著名军阀，他在保定陆军学堂毕业。五四运动时，作为陆军第三师师长的吴佩孚发表通电支持学生，反对在《巴黎和约》上签字。正是这种表现让共产国际一开始在中国工作时就考虑到了吴佩孚，维金斯基第一次来中国时就有这样的打算，希望通过联合他发动民主运动。李大钊能够联络吴佩孚，则主要得力于他的好友白坚武在中间起的媒介作用。1922年5月11日，白坚武向吴佩孚建议聘请李大钊担任政府顾问，以解决统一的问题。6月初，李大钊去保定和吴佩孚进行了会谈，回来后和胡适交换了对吴佩孚的观感。李大钊对吴佩孚印象不错，不过他认为吴佩孚的政治手腕差一点，但徐世昌的巧未必胜得过吴佩孚的拙。当时的李大钊信任好友白坚武，对吴佩孚多少寄予一些希望。李大钊从吴佩孚那里争取到了保护劳工的政策，并利用这层关系派共产党人打入铁路部门，秘密开展工人运动的组织工作。

李大钊、胡适、蔡元培等也对利用吴佩孚推行"好政府"抱有希望。他们和吴佩孚的高级军师孙丹林举行了会谈，主要目的是劝吴佩孚放弃武力统一的想法，主张联省自治和推行裁兵措施。白坚武还让李大钊和胡适协助起草地方自治的方案。"好政府"的想法也得到了吴佩孚的支持。1922年9月19日，吴佩孚推荐的王宠惠被黎元洪总统任命为国务总理，所谓的"好人内阁"成立了。随后，李大钊发文表达了对吴佩孚能够切实实行裁兵的信心。

李大钊当时统战工作的核心任务是争取孙中山和吴佩孚联合，吴佩孚的条件是孙中山必须跟张作霖断绝往来。共产国际全力支持二人联合，愿意提供给中国2000万美元的贷款，帮助二人组建联合政府。但孙中山拒绝和张作霖决裂，吴佩孚说张作霖是他的死敌，想合作就必须分道扬镳。而孙中山却认为自己可以劝说张作霖改变对苏俄的态度，但是不能决裂。在这种情况下，李大钊再次到洛阳去见吴佩孚，虽然表面上一团和气，但双方都不肯让步，谈判没有取得实质性进展，李大钊对这个结果十分失望。

由于直系军阀内部矛盾重重，曹锟和吴佩孚之间也有保洛之争，这样"好政府"便无法存在了，王宠惠内阁也被挤垮了。而1923年二·七惨案的发生，使李大钊看清了吴佩孚的真面目。吴佩孚当初说"保护劳工"，是因为他想利用工人运动，打击政府内的交通系政敌，但在北方工人运动蓬勃发展后，他又害怕了。京汉铁路工人的大罢工触及了他的根本利益，他便撕下了保护劳工的假面具，禁止工人成立总工会，对罢工的工人举起屠刀，大开杀戒。二·七大惨案中，有52名工人牺牲，三百多人受伤。1923年2月初，李大钊受湖北教职员联合会邀请，来到武汉讲学，期间曾去见过共产党员、武汉工团联合会法律顾问施洋。得知惨案发生，李大钊悲愤交加，他的神色哀痛至极，面色苍白，胡子也比以前更黑了，北方工人运动的高潮就这样结束了，他对吴佩孚的统战就这样失败了。

二、推动第一次国共合作

对吴佩孚的统战失败了，但国共合作则开始在共产国际的支持指导下进行着。1920年7月、8月间，共产国际召开了第二次代表大会，列宁向大会提出了"关于民族和殖民地问题的提纲初稿"，认为帝国主义已经把世界分割成压迫民族和被压迫民族两部分，而这种压迫和被压迫就体现在少数帝国主义国家反对苏维埃运动和苏维埃俄国。这意味着，巩固和发展苏维埃运动和保卫苏联应当是国际共产主义者的首要任务。在落后的国家里，这种革命主要体现在殖民地人民反抗外国资本主义，争取民族独立，而在这些国家里斗争的民族资产阶级虽然有妥协的一面，但是他们的革命是具备民族革命性质的，所以共产党人应当予以支持。1922年在莫斯科召开的远东各国共产党和民族革命团体代表大会上，这种思想得到了贯彻。而中国共产党和国民党也派出代表参加了这次会议，列宁还抱病接见了张国焘和国民党代表张秋白，并且表达了国共合作的可能性。张国焘回国后不久，中共就发表了对于时局的主张，首次提出建立民主主义联合战线的主张。随后中共召开第二次全国代表大会，正式提出民主革命纲领，并通过了《关于民主的联合战线的决议案》。中共与国民党合作的方针就这样确定了下来。

  孙中山是民主革命的先行者，他一直没有停止争取民主的斗争。二次革命、护国运动、护法运动，从反对袁世凯专制到维护宪法的权威、反对军阀专制，他始终是坚定的民主战士。俄国十月革命给了孙中山鼓舞，他指导下的《民国日报》在国内首先报导了十月革命，他给苏俄和列宁发电，表示对他们抱着极大的敬意，并表达了中俄两国革命党团结奋斗的想法。1919年10月，孙中山将中华革命党改组为中国国民党，并以此为基础发起了两次护法运动，但都失败了。1922年6月，广东军阀陈炯明背叛孙中山，所辖军队炮轰总统府，孙中山逃离广州，最后辗转到了上海。这次失败使孙中山意识到国民党内不团结是革命失败的主要原因，党员将入党当作升官发财的终南捷径，因此他决心要改造国民党。共产国际向他伸出了援手，于是国共两党的合作逐步地酝酿成功了。在两党合作的方式上孙中山坚决反对党外合作的方式，主张党内合作，但许多共产党员都反对这种方式。如何解决这个合作的难题，李大钊下了很大功夫，作了很大的贡献。他通过朋友和与孙中山关系密切的人建立联系，像孙洪伊、张继、王法勤等，这些人在国民党内有较高的地位和影响。

1922年8月末，中共专门为解决国共合作的方式问题召开了一次杭州西湖会议。共产国际代表马林提议召开此次会议，陈独秀、张国焘、蔡和森、高君宇、李大钊、张太雷及共产国际代表马林等7人参加了会议。马林将他在爪哇工作的经验拿到中国来，希望中共党员以个人身份加入国民党。国民党是一个各阶层革命分子的联盟，合作以后国民党可以革命化，通过国民党的影响去做工人运动和群众运动。与会的中共领导人大多反对马林的主张，张国焘和蔡和森的态度尤其激烈，要共产国际重新考虑这个方案。陈独秀也表示反对，他认为国民党是一个资产阶级政党，如果共产党员加入国民党，可能引起很多复杂的问题，对革命团结是有害的。四位中央委员有三位表示反对，场面十分尴尬，李大钊就在这个时候发言了。

他首先对张国焘和陈独秀的反对意见表示了理解，并主张调和。他说，国民党是一个松散的组织，无政府主义者加入国民党的也依然在宣传无政府主义，没有受到限制。所以，共产党员加入国民党后，不会受到约束。建立联合战线比较易行的办法是加入国民党，一方面可以实现两党合作，另一方面又可以避免和共产国际产生争执。

这次会议通过了陈独秀的提议，就是有条件地加入国民党——如果孙中山取消打手模这项入党手续，中共的少数负责同志便可以加入国民党。

李大钊的表态反映出他是一个灵活务实的人。孙中山称赞李大钊是一个学识渊博、有勇有谋、思想明晰、朝气蓬勃又脚踏实地的革命同志。他关心世界无产阶级解放，也以民族救亡为己任，他关心劳苦大众，也关心民族解放和独立。正是将这两者合而为一，他才能适时地对革命的策略做出调整。

杭州会议以后，李大钊回到上海和孙中山进行了接触，讨论了振兴国民党的问题。孙中山和李大钊相谈甚欢，甚至忘了吃饭，他们探讨了国际革命、世界思潮、民国以来的政治发展、中国社会的问题、孙中山的建国方略，等等。孙中山亲自主持，介绍李大钊加入了国民党，其他的中共主要负责人陈独秀、蔡和森、张太雷、张国焘等也相继加入了国民党。

中共上层加入国民党问题解决了，两党合作的步伐加快了。1922年9月4日，孙中山在上海召开国民党改组会议，陈独秀等9人被孙中山指定为国民党改进方略起草委员会成员。1923年6月12日到20日，中国共产党在广州召开了第三次全国代表大会，做出了共产党员以个人身份加入国民党的决定。李大钊参加了这次会议，并当选为中共中央执行委员。由于获得了孙中山的充分信任，他被指派为国民党改组委员，后来李大钊成为了国民党第一次全国代表大会的代表，并入选国民党临时中央候补委员。

当时国民党内对国共合作也有人不同意和表达不满，孙中山批评了他们。但在讨论国民党总章的时候，许多人就其中一条即本党党员不得加入其他政党，明里暗里地批评共产党员的跨党问题。李大钊对此进行了成功的说服工作。李大钊是一个非常讲究策略的同志，处事比较灵活。在两党的讨论会上，他先是对孙中山和国民党内欢迎共产党员参加革命工作表示了敬服，其次对少数同志的疑虑——觉得国民党内因此可能会有潜在的危机，李大钊合理地解释了中共党员加入国民党的理由。他说："在半殖民地的中国，要想摆脱帝国主义和军阀的双重压迫，必须要依靠全国国民的力量，要领导全国国民的力量，非要有一个统一而普遍的国民革命党不可。国民党是国内唯一一个有历史、有主义、有领袖的革命党，是唯一一个能够担负起民族解放、民权恢复、民生发展的政党，所以中共认同国民党，才要毅然加入国民党。并且，之所以采取党内合作而不是党外建立联合战线的方式，是为了在孙中山的统一领导下，在保持国民党整齐纪律之下加强革命的力量。共产党可以声明，两党合作后，共产党是要对国民革命有贡献的，绝不是什么投机取巧，占便宜。国民革命的事业，也就是我们的事业，本党主张的胜利，就是我们的胜利。合作后并不是强迫国民党接受共产党的党纲，所以不存在共产党改变国民党问题。中共是共产国际的一个支部，是国民党和世界组织的联络人，我们不是糊里糊涂进来的，不是鬼祟的阴谋，是光明正大的两党合作。合作后，共产党员会严格遵守国民党的党纲、纪律和章程。希望各位革命先辈能够允许共产党员加入国民党。"李大钊的发言坦诚、直率又很诚恳，有智慧有技巧，巧妙合理地解释了两党合作的方式。大会上，很多人被李大钊的观点打动了，国民党内的反对跨党的提案也被否决了。

1924年1月20日至30日召开的国民党"一大"标志着国共合作的正式形成，大会实际上确立了"联俄、联共和扶助农工"三大政策。苏联顾问鲍罗廷和瞿秋白起草了国民党"一大"的宣言，宣言对孙中山的三民主义做了新的解释：民族主义中突出反帝的内容，中华各民族一律平等，还增加了反军阀的内容。民权主义突出民权应该为一般平民所共有。而民生主义的核心是平均地权和节制资本。大会选举了共产党员占1/4的中央执行委员和候补中央执行委员。孙中山指定李大钊为主席团成员，并担任大会宣言的审查委员、国民党章程的审查委员、宣传问题审查委员等多项职务。会后，李大钊成为了中央执行委员，负责北京地区执行部党务工作。

第二节 推动北方国民革命

一、发展国民党组织

国民党"一大"后，党员代表回到各地，大力发展宣传和组织国民党的工作是核心内容。当时这项工作做得比较好的是国民党北京执行部。1924年4月30日，该部正式成立，下辖有京、津、直隶、山东、山西、陕西、河南、察哈尔、内蒙、甘肃、宁夏、绥远以及东北等十几个省市党部，李大钊在该部任组织部长。在国民党北京执行部的领导下，北方地区的党员从1923年11月的一千多人增加到1925年7月的两千六百多人。北京地区的青年活动大多是由北京市党部出面组织领导的。当时在北方，还有相当一部分省市没有建立国民党组织。李大钊根据中共中央的指示，开始派出许多中共党员到各地区帮助国民党发展组织。1925年6月，于方舟、江浩等人在支援五卅运动过程中于天津成立了国民党直隶省党部。1925年7月、8月间，江浩创建了国民党玉田县党部。直隶省党部成立不到一年，就建立了市县党部53个，区分部有244个，共有党员五千三百多人，组织工会、农会、妇女会等各种群众团体三十余个，发行报刊7种。支持和同情革命的冯玉祥当时正驻扎在察哈尔区域，所以这个地区的工作比较顺利。1925年10月，察哈尔特别区党部成立，全区建立了6个市县党部，有党员三千二百多人。李大钊选派蒙古族党员到绥远地区开展工作，很快就建立了绥远的国民党特别区党部。这些地方党组织的建立，有力地推动了当地的反帝反封建、反对王公贵族和喇嘛腐朽统治的斗争，为革命运动的开展奠定了基础。李大钊曾多次到中原地区的河南省视察和指导工作，王若飞、李求实、萧楚女等都曾经被共产党北方区委派到河南开展工作。国民党"一大"以后，全省建立了国民党市县党部19个，到1925年年底时，党员增至三千六百多人。此外，在山西、陕西、甘肃等省也先后成立了国民党省党部。东北地区奉系军阀张作霖控制较严，但在北方区委的努力下，也在哈尔滨、沈阳等大城市秘密建立了国民党组织。这些党组织的发展跟李大钊的积极领导工作是分不开的。当时的北方区委曾对在京、津上学的共产党和青年团员下达任务，要求他们每逢暑假回家，都要肩负起发展党员、建立组织的任务。党部数量多，党员的素质高，大批的爱国青年、工人、学生和农民加入了党组织，使得国民党的群众基础更为广泛，焕发了新的生机。

二、壮大中共党组织

在第一次国共合作中，共产党员以个人身份加入国民党，但是共产党自身的组织并不是取消了，而是在与国民党合作、完成国民革命任务的同时，也大力发展自身，推动无产阶级革命。当国民党内出现右派的分裂活动时，李大钊多次在中共北京区委创办的机关刊物《政治生活》中撰文予以揭露批驳，他教育党员要看清反动军阀的实质，对右派行为保持警惕。1925年，北方区委根据上级指示，在北京秘密创办了区委党校，这是一个共产党员的教育机构。李大钊安排罗亦农等人去担任教员，党校有近百名来自北方各省市的学员。党校主要讲授马克思主义的政治经济学常识、唯物史观和世界革命史、列宁关于殖民地问题理论、共产党的任务以及农民运动、党的建设、党内思想教育等内容。李大钊对北方区委同志的思想教育非常重视，他亲自起草了对党员演讲共产主义内容的教材目录和讲稿。广大党员在北方区委的教育领导下，加强了共产主义觉悟和组织纪律性，提高了马克思主义水平，增长了领导群众斗争的能力。随着中共组织工作的加强，中共北方党组织有了明显的发展，中共党员从1924年的75人扩大至1926年的2069人。其中，北京市发展最快，党员人数从三百多人迅猛发展到一千多人，党组织在大革命中得到了发展壮大。

三、支持中苏建交

在国共两党的共同努力下，北方的群众运动此起彼伏，逐步高涨。李大钊在参加国民党"一大"之前，就按照中央指示，积极地开展促进中苏建交的工作。1923年，俄国代表加拉罕抵达北京，当时北京二十多个团体的代表数千人到车站热烈欢迎他，北京各界也不断集会来欢迎他的到来。9月7日，李大钊在北大组织大会欢迎加拉罕。李大钊说："苏俄是反帝的大本营，是我们这些被压迫民族的好朋友，这次加拉罕来中国受到的欢迎足以证明这一点。既然我们是友好邻邦，那就应该缔结和平条约，承认苏俄，这个问题解决了，其他问题也就迎刃而解了。"加拉罕对孙中山说："中国同胞给我的支持和热情，使我充满了信心。"但北洋军阀代表却找各种借口拖延，谈判时断时续，一度陷入僵局。这个时候李大钊约集马叙伦、蔡元培等北大47名教授，联名致函外交总长顾维钧，敦促当局恢复中苏建交。各地群众也纷纷上街抗议，巨大的舆论压力迫使北京政府最终与苏联签订了《中俄解决悬案大纲协定》和《中俄关于暂行管理中东铁路协定》。中苏恢复建交，并且把以前沙皇俄国和中国政府订立的不平等条约、合同等都一律废止，只要是对中国主权有损害的条款，一概无效。苏联放弃沙俄在中国获得的租界等特权，抛弃俄国的庚子赔款，也取消了在中国的领事裁判权。苏联承认外蒙是中国的一部分，中东铁路的事务是中国主权内部事务，应由中国政府来处理和管辖。这个协定是鸦片战争以来中国和外国签订的第一个平等条约，既体现了新生的苏维埃俄国对中国主权的尊重，也和以前列强对中国的欺凌形成了鲜明对比。《中苏协定》的签订，是第一次国共合作后，中国人民反帝反封建斗争的成果，对中国人民的反帝斗争产生了积极影响。

四、积极参与促成国民会议运动

1924年10月23日，第二次直奉战争，直系将领冯玉祥回师倒戈，突然发动了北京政变。冯玉祥将军队改称为国民军，包围总统府，占领火车站、电报局等部门，将溥仪赶出皇宫，改组内阁，囚禁总统曹锟，这就是著名的"首都革命"。冯玉祥是安徽人，他从北洋军阀的一个管带起家，曾任滦州起义的总参谋长。起义失败后，他进入保定，成为陆军第11师师长，随后冯玉祥在吴佩孚麾下担任陕西督军、河南督军及陆军检阅使。但他与吴佩孚关系不睦，结怨较深，同时其思想也开始倾向于革命。由于自身力量不足，冯玉祥在发动政变后电请孙中山入京共商国是，并电请段祺瑞出任国民军大元帅，共同召开和平会议，解决国家未来问题。

这场政变将吴佩孚的军队打垮了，国民军控制了直隶、察哈尔、绥远、河南、陕西等省，张作霖也趁机开始攻占天津、山东，两军形成了对峙的局面。孙中山接受了冯玉祥的邀请，北上与其商讨大计。与此同时，李大钊也回到了北京。1924年11月10日，孙中山发表《对于时局之宣言》，声明其反帝反封建、开展国民革命的政治立场。他提议召集国民会议，提倡通过推动国民运动来实现其政治的主张。各地响应孙中山的号召纷纷成立国民会议促成会。1925年1月3日，天津国民会议促成会成立；1月4日，北京国民会议促成会大会成立，参加成立大会的有北京中华救国学生总会等三百多个单位。紧接着广东、浙江等省和济南、太原等大城市也起而相应，成立国民会议促成会或者是国民会议筹备组织。一场声势浩大的国民会议运动在全国开展。李大钊自然也积极参加到这个运动中，他不仅参加了北京促成会的成立，还应邀成为促成会的宣讲人。他发表了题为《帝国主义侵略中国后之国民运动》的讲演，叙述了近代以来外国列强侵略中国的历史和中国人民反侵略的历史。他指出，孙中山看清了帝国主义的真面目，高举国民革命的旗帜，号召取消不平等条约，全体国民都应该响应这个号召，积极推动国民会议召开，为实现这个目标而奋斗。3月1日，在国共两党和人民团体的积极推动下，国民会议促成会全国代表大会在北京召开，大会历时一个多月，讨论了中国革命的基本问题，对北方革命形势的发展起到了积极作用。孙中山和李大钊在共同革命的过程中结成了深厚的友谊。1925年孙中山因病逝世后，李大钊十分悲痛，作为孙中山治丧委员会的成员，他为孙中山写了长长的挽联：

"广东是现代思潮汇注之区，自明季迄于今兹，汉种孑遗，外邦通市，乃至太平崛起，类皆孕育萌兴于斯乡；先生挺生其间，砥柱于革命中流，启后承先，涤新淘旧。扬民族大义，决将再造乾坤；四十余年，殚心瘁力，誓以青天白日，满地红旗，唤起自由独立之精神，要为人间留正气。

中华为世界列强竞争所在，由泰西以至日本，政治掠取，经济侵陵，甚至共管阴谋，争思奴隶牛马尔家国；吾党适丁此会，丧失我建国山斗，云凄海咽，地暗天愁，问继起何人，毅然重整旗鼓；亿兆有众，惟工与农，须本三民五权，群策群力，遵依牺牲奋斗诸遗训，成厥大业慰英灵。"

挽联的上半段对孙中山一生为民族独立鞠躬尽瘁给予了高度评价，而下半部分则表达了"革命尚未成功，同志仍须继续努力"的期望。

第三节　发展工农运动

一、发展工人运动

　　第一次国共合作为北方工农运动发展创造了有利条件。国民党"一大"决定制定《劳工法》，切实保障劳动者权益。会后，国民党中央及各地的国民党执行部都设立了工人、农民、妇女等部，作为组织和领导各界群众斗争的机关。中国共产党开始借用国民党合法的旗帜，展开工人运动。在此大好形势下，北方工人的组织和活动得到了发展。冯玉祥在北京政变后对爱国民众运动也表示了同情，所以北京等地的革命力量得到了恢复。李大钊领导中共北方党组织首先积极营救"二七"以后被捕入狱的同志，并逐步恢复各地的工会组织。经过李大钊和国民军的交涉，1924年11月，长辛店工会领袖史文彬等11人被释放，京津、陇海和正太、京绥等铁路工会也基本上得到恢复。1925年2月7日，全国铁路总工会第二次代表大会在中共领导下召开。李大钊在大会召开当天发表了《吴佩孚压迫京汉劳工运动的原因》一文。他说："军阀是在帝国主义卵翼下生存，是工人阶级的敌人，唯有工人阶级才能推翻帝国主义和军阀的反动统治。因为只有工人阶级，能够坚持纪律严谨，坚韧勇敢，是国民革命的中坚力量，工人阶级是国民革命的先锋队。在国共合作，国民大革命兴起后，工人阶级应该和那些勇敢的无产阶级战士，高举鲜红的旗帜，踏着先烈的足迹，向帝国主义者和军阀进攻！"这高亢的宣言振奋了工人阶级，使工人阶级斗争的热情不断高涨。1924年年底，北京煤铺、棚行、油行的工人为增加工资相继罢工。1925年1月，北京电车工人罢工；2月，砖窑工人罢工；3月，财政部印刷局一千八百多工人罢工，日新、永华等印刷局排字工人还举行了三千多人的同盟罢工，北京25家报纸因罢工停刊，资本家损失巨大，被迫答应了工人的要求。"五卅"运动开始后，北京工人还声援了上海工人的罢工斗争。1925年6月8日，北京印刷工人组织发起了"北京工人对英日惨杀同胞雪耻会"；11日，北京复兴铁工厂等43家工厂的工人为抗议帝国主义暴行向北京外交部请愿，工人罢工斗争的目标向着政治要求迈进；14日，长辛店五千多铁路工人，到天安门集会演讲，要求严惩杀人凶手，抚恤死者家属，并提出收回租界，取消不平等条约等要求。集会后，工人们还举行了游行示威。英国使馆的华工甚至发表声明，不为帝国主义服务。电灯和自来水也一度停止供应，罢工工人们还组织了工人纠察队。北京工人的罢工有力地声援了"五卅"运动，也使北京的工会运动进一步发展，罢工的频繁开展使各个工会之间的联络成为必要，1926年1月1日，北京总工会正式宣告成立。除了北京，李大钊对天津和唐山的工会运动也很重视，他还派赵世炎、刘仁静、尹才一等人前往唐山、天津、张家口等地，发动开滦煤矿近万名工人大罢工。天津海员也组织了罢工委员会，并坚持了3个月之久。李大钊也经常到河南、直隶、东三省等地视察，加强和促进这些地区的工农运动。

二、推动农民运动

工人运动高涨的同时，农民运动也迅速发展起来。"五卅"运动后，李大钊将很大一部分精力放在农民运动的组织和发动上。1925年下半年，北京的京东顺义县为向销售运输鸡蛋的农民强迫征收蛋捐专门成立了蛋捐局，这使本来就靠卖鸡蛋为生的贫苦农民遭受了很大的损失。对此，李大钊立即派同志前去领导抗捐抗税斗争，并组织农民到县府前集会请愿，迫使政府取消了蛋捐。经过这场斗争，农民认识到了组织起来的力量。在各级党组织的努力下，1925年年底，乐亭、宛平、玉田等7个县建立了农民协会，人数最多时达到一千八百多人。经过了农民运动的实践，李大钊发表了《土地与农民》一文，总结农民在国民革命运动中的地位和作用。他认为土地是农民最关心的问题，因而是农民运动的核心，只有解决好土地问题，才能赢得农民的支持。而要解决土地问题，就要依靠农民自身。党组织要将农民组织起来，成立农民协会等各式组织，团结起来推翻封建土地所有制，农民革命要注意掌握自己的武装。他对农民革命有充分的信心，认为只要农民起来参加革命，那么成功就不远了。李大钊的观点在党内代表了国民革命过程中对农民革命的正确方针。在这个正确方针指导下，各地农村纷纷成立农民协会，北方地区5省建立了五十多个农民协会，会员达到两万人之多。速度较快的河南省在8个月的时间里，迅猛发展了27万名会员。中共北方区委为了培养运动骨干，还选派北方农民运动骨干到广州农民运动讲习所学习，了解和学习、借鉴南方农民运动的经验。学员们回到各地后，广泛开展了抗捐抗税、打倒土豪劣绅和封建军阀的斗争。

三、促进妇女运动

妇女运动在李大钊和北方区委的领导下也有所发展。1925年2月底，李大钊参加了北京地区的北京妇女国民会议促成会，李大钊发表演说鼓励妇女同志。他给妇女们讲解妇女问题，认为这是诸多社会问题的一种，告诉妇女们要起来勇于为自己的利益抗争，要多宣传、鼓动，打破强加在妇女身上的社会枷锁。李大钊所在的北方党组织出现了缪伯英、刘清扬、邓颖超等一批非常优秀的妇女干部。1926年9月，国民党北京特别市党部的妇女部组织了一个社团叫"妇女之友社"，该社团有自己的公开刊物——《妇女之友》，这个刊物宣传反帝反封建的革命纲领，为妇女解放大造舆论，虽然它只存在了7个月，共出版12期，但它在北方妇女界影响却很大。国共两党为了配合北伐，大力培养妇女干部，并共同在北京创办了"缦云女校"，此校成为了开展妇女运动的阵地。

四、组织少数民族斗争

组织北方少数民族斗争也是李大钊和北方区委工作的特

点之一。1923年冬,李大钊就派赵世炎、黄日葵和邓中夏等人到北京蒙藏学校开展工作,专门培养少数民族干部。乌兰夫就是在这时被发展为中国社会主义青年团的团员的。李大钊经常到蒙藏学校参加党组织会议,为少数民族党员讲解马列原理,讲解国内外形势,使得这些党员的思想发展进步很快。1925年年初,李大钊派吉雅泰等人到绥远工作,热河、察哈尔和绥远等地的党组织纷纷建立起来。张家口是这一地区共产党组织的核心,成立了许多青年团。少数民族干部还出版杂志宣传中华民族觉醒,比如韩麟符、多松年等人出版的《蒙古农民》杂志就是传播马克思主义的刊物,这对宣传共产党的政策,组织民众发挥了积极作用。1925年,在共产国际和中国共产党的领导下,内蒙古建立了统一战线性质的组织——蒙古人民革命党。李大钊曾经对这一组织的很多干部作出指示,要求他们多做实际工作,多发动群众。在蒙古地区,这一组织对反帝反军阀的斗争及建立人民革命政权起到了推动作用。1925年冬,内蒙古农工兵大同盟在张家口成立,李大钊在大会上发表演说,号召蒙古族要和汉族人民团结在一起,获得自身的彻底解放。这个大会批判了党内存在的右倾妥协思想,强调要争取民主革命的领导权。大会选举李大钊为书记,农工兵代表大会提出了"拥护苏联"、"反对帝国主义及封建军阀"等口号,大会还通过了《和冯玉祥的合作关系》等决议,有力地促进了内蒙古地区群众运动的开展和革命中心力量的团结。在李大钊的指示下,内蒙古还成立了自己的革命武装——内蒙古人民革命军。

第九章　英勇就义

第一节　苏联之行

一、参加共产国际第五次代表大会

1924年，李大钊被张国焘出卖了。张国焘突然在杏坛学社遭到逮捕，被羁押在京畿卫戍司令部，在那他供出了中共北方区委负责人和领导骨干及全国铁路在党工人80多人。卫戍司令王怀庆密令内务总长严拿李大钊。李大钊在北京的家中遭到便衣警察搜捕。据张国焘回忆，他被捕之前，李大钊已经告诉他，直系军阀已开始大肆搜捕革命者。李大钊和张国焘都被列入了黑名单。李大钊让他赶快收拾文件，躲避起来，但是张国焘疏忽了，结果遭到逮捕。

机警的李大钊在警察到他的寓所搜查前已经带着儿子

离开了京城，躲到了家乡的五峰山上，警察到乐亭搜捕时也没抓到李大钊和其家人。6月11日，政府正式下发了抓捕包括李大钊在内的共产党员的海捕公文。而此时的李大钊恰好接到了中共中央派他出席共产国际第五次代表大会的通知。

此前的共产国际大会，中共曾派出张太雷、陈独秀、刘仁静等参加，这一次李大钊和罗章龙、彭述之等5人组成了一个代表团出席会议，李大钊是首席代表。好友资助了李大钊500元钱作为出国经费，护送李大钊出了县城。李大钊回北京和其他4名代表碰头后，乘车先往哈尔滨。为此，李大钊还化了一下妆，他戴上无边眼镜，头上一顶八角工人帽，身穿旧西服，脚穿旧皮鞋，拎着提包和行李卷。到了哈尔滨，李大钊找到了当地开肉店的同家兄长，在一个乐亭同乡家中住了3天。随后，代表团乘火车先到满洲里，从满洲里雇马车偷出国境，然后又坐上了去苏联的火车，代表们用了半个月的时间才赶到莫斯科。

共产国际这次大会讨论的是资本主义社会进入相对稳定时期各国共产党的任务。这次大会贯彻列宁的原则，要各国共产党真正实现布尔什维克化，发展巩固统一战线。

李大钊作为中国代表更关心中国的问题，所以他起草的报告主要是谈民族殖民地的问题，探讨中国如何反帝和展开民族解放运动的情况。报告汇报了中共按共产国际的指示加入国民党的情况，国民党内左、右派斗争的情况，国民党"一大"通过的政治纲领以及会后的国民革命运动的情况。在报告的最后，则希望共产国际第五次代表大会对中国共产党的工作给予指示。

就在李大钊参加这次会议的时候，国内政局发生了新变化，广州商团叛乱，且英国也支持广州商团，并向革命政府发出通牒。而恰在此时，第二次直奉战争又打起来了。

二、感受苏联

在苏联，很多人支持中国革命。当李大钊在列宁格勒参观橡胶工厂的时候，全体工人表示反对英美干涉中国广东革命政府，并通过了一个决议案。李大钊在参观皇家花园的路上，遇到3名苏联军人，他们表示支持中国革命，一旦中国有需要，就会立即前来支援中国人民。莫斯科的全俄工会理事会和工会还发起了一个"不许干涉中国协会"，俄国人给予了中国人民很大的精神支持。苏联对中国革命的声援，让李大钊颇为感动，他说中国的问题不是一个单纯的民族问题，而是一个国际问题，全世界的无产阶级和东方殖民地解放运动的中流砥柱是共产国际，他希望俄国工人阶级能够聚集起来帮助中国的穷苦工人和农民。李大钊在苏联居住了四五个月，对苏联的印象非常好，因为这里符合他的社会主义社会的理想。他居住的马拉霍英卡是原来俄罗斯贵族和资产阶级避暑的地方，现在工人和儿童也可以到那里避暑。列宁格勒的海员俱乐部有各种图书和娱乐设施，所有海员都可以到那游玩。孤儿们也有人照顾。这和他在上海报纸上看到的仅中国上海尚有17万人在生存线上挣扎形成了鲜明对比。在苏联真正当家作主的是工农大众，他在苏联和儿童村的苏联儿童合影，回去还和友人及妻子一起观看，他觉得那就是他向往的社会，是幸福的社会。

他觉得列宁格勒的居民衣着朴素大方，比莫斯科的暴发户更为可爱。他看到新制度下工人、妇女、儿童、军人都有蓬勃向上的精神，他们是国家的主人翁，这也进一步增强了李大钊对社会主义制度的信念，为此他献出生命也在所不惜。

第二节　英勇就义

一、最后斗争

1926年3月17日、18日，国民党中央政治委员会北京分会暨国民党北京市党部联络组织了示威游行，主要内容是抗议英美等8个《辛丑条约》关系国公使因大沽口事件提出的最后通牒。李大钊作为这个大会的主席团成员参加了这个大会和游行。游行的群众在北京的铁狮子胡同遭到事先埋伏的政府卫队血腥镇压，"三一八"惨案就这样发生了。

游行惹恼了段祺瑞，他决定对游行的领袖从严惩办，李大钊因此处于被逮捕之列。北方的政治形势迅速恶化。"三一八"惨案的发生证明冯玉祥的国民军并没有给国共两党以支持，国民军撤退到了南口。因此，北京的地下工作都必须重新布置。李大钊关闭了国民党党部办公处所，将两党机关搬进了苏联大使馆西院的一个旧兵营内，李大钊的妻子和女儿也一同住进了苏联使馆。在这种情况下，国民党的主要领导人都相继南下，中共中央也准备调李大钊去武汉，但他仍坚持在北京继续工作。在苏联使馆居住的一年多时间里，他还配合国民革命对非直系、奉系军阀进行统战工作，委托于右任去苏联说服冯玉祥。后来冯玉祥回国发动五原誓师。李大钊给山西的阎锡山写信劝其参加北伐，阎锡山最终为了保持和扩大自身的地盘将军队改为国民革命军。尽管后来冯玉祥没有给危难中的共产党人以帮助，而是去调停国民党宁汉双方，但还是在某种程度上支持了北伐，加速了直奉军阀的灭亡。

二、不幸被捕

在北京苏联使馆的东边，隔着御河便是日本大使馆。隔河相望，日本卫兵发现苏联使馆在1927年有点不对劲——一些中国人频繁地出入苏联使馆，在隔壁的建筑里常能听到苏俄旧兵营的院子里有动静，似乎深夜还在开会。法国和日本使馆将这个情况报告给了张作霖的外交次长吴晋，其得知后派出了暗探调查苏联使馆，东交民巷开始出现了比较闲的"车夫"，眼睛总盯着苏联使馆。其实当时李大钊在北京的事情很多人都知道，但却不知道具体的地址。负责李大钊身边事务的人一个个相继被捕了。先是负责使馆内外联络的阎振三在一次出去送信后就再也没有回来，后是一个做杂事的张全印也失踪了。而且，4名京师警察厅的暗探已经化妆成杂役混进了兵营。后来警察厅抓到了一个在李大钊身边工作的人，他叫李渤海，是一名共产党员，李大钊个人的对外联络多是由他负责，他被捕后叛变了，将李大钊在东交民巷苏联使馆的情报和其他共产党员名单供了出来。警察厅很狡猾地放了李渤海，使李大钊等人不易察觉到处境的危险。除了李渤海，一个苏联使馆的交通员李大成也叛变了，他具体负责和警察厅合作，每次送信出来后，都抄一份给特务，军警还根据李大成对苏联兵营内部建筑的描述画好了一份地图。1927年4月6日，军警根据这份地图冲进兵营并包围了苏联使馆，李大钊和国共两党及苏方人员等共计六十多人被捕了。李大钊的长女李星华对李大钊被捕前的日子回忆道：在最后的日子里，父亲特别忙，每天深夜才回来，早晨我们醒来他已经离开了。有时候他也会留在家里，主要是整理一些书籍和文件。父亲和同志们在我们居住院落的后面生起了一个火炉，许多文件被他们扔进去烧掉了。"我问父亲："爹！为什么把它们烧掉呢？怪可惜的。"父亲说："小孩子家，不要管这些事。"李星华回忆当时的情形说："当时共产党同国民党在组织上的界限十分清楚，两个机关走一个大门，相隔不远，但人员要严守纪律，彼此不能往来。早在工友阎振山被捕前，父亲就把我党的文件、名单都烧掉了，这是我亲眼看到的。"其实，早在军警行动以前，李大钊就通过好友杨度知道了政府要派人搜查兵营的信息，京城的友人劝李大钊赶快离开，但李大钊总说："我不能走，如果我走了，北京的事谁来做呢？"李大钊在这个革命最危急的关头，一直坚守岗位，把危险留给自己，把安全让给同志，这是对革命负责到底的大无畏精神。

三、英勇就义

李大钊被捕后，表现出来了无私无畏的英勇气概，他非常从容，毫不惊慌，他自称马克思学说崇信者，对于其他的一切行为概不知晓。他在狱中的二十多天，绝口不提家事。而在审讯处最后一次见到自己妻子女儿时，只静静地看了看她们，没有对她们说一句话。

李大钊这种大无畏的态度源于他对中国革命的自信，

源于他对中华民族一定会独立、社会主义一定实现的信心，也来自他对人生的透彻看法。他认为死和生都是生命的一部分，死也是大自然中的正常现象。他曾这样表达他的生死观："人生的目的，在发展自己的生命，可是也有为发展生命必须牺牲生命的时候。因为平凡的发展，有时不如壮烈的牺牲足以延长生命的音响和光华。绝美的风景，多在奇险的山川。绝壮的音乐，多是悲凉的韵调。高尚的生活，常在壮烈的牺牲中。"

他在狱中写了一份自述，对自己的一生做了概括。他说："我一生都矢志于民族解放事业，实践我的信仰，如果因为这个而获罪，那么我应该负全责。只希望当局对爱国青年能够宽大处理，不要株连他们，那我就感激不尽了。"从这些话语中感受到的是一位伟大的无产阶级革命家光明磊落、舍己为人的高尚品格，天地无不为之落泪，山川无不为之动容。

社会上也对李大钊的被捕表示了极大的震动和广泛的同情。北京和天津的各大报社为李大钊呼吁；冯玉祥也发电报对张作霖提出警告；李大钊战斗过的学校——北京大学、北京师范大学等九所学校的校长举行集会，讨论营救他的办法；学生也集会派代表拜见张学良，请求将李大钊交给法庭审讯；所有的人都希望通过合法的审讯能够挽救李大钊的生命。梁士诒、杨度亲自去见张作霖，表达将李大钊移往法庭的意见，也有民主人士联名上书要求赦免李大钊。但那些反动军阀却主张杀害李大钊，蒋介石在上海发动反革命政变后，密电张作霖对共产党员一定要处决，以免后患。在这种情况下，1927年4月28日上午11时，安国军总司令部、京畿卫戍总司令部、京师高等审判所、京师警察厅组成的特别法庭举行"军法会审"，李大钊等20人被判绞刑。下午2点，在西交民巷京师看守所，李大钊首登绞刑台，从容就义，李大钊此时还未满38岁！他为中华民族的解放事业，为中国人民的革命事业奉献了自己宝贵的生命。

李大钊牺牲后，中国各地和苏联都为他举行了追悼会等纪念活动，人们一致声讨奉系军阀的残暴，缅怀这位伟大的革命先烈。1933年4月，中国共产党发动广大群众和社会各界知名人士，发起公葬李大钊的活动，将这位为中国人民革命事业奉献终生的烈士灵柩安葬于香山万安公墓，大批的学生、工人、市民不顾白色恐怖，参加了葬礼，并因此发展成一次示威活动。新中国成立后，人民政府为李大钊烈士专门修建了陵园，并将他和他的夫人的灵柩安葬于李大钊烈士陵园。陵园内树起了纪念碑，永远缅怀这位大无畏的共产主义战士！

知识链接

《观沧海》

这是曹操在北征乌桓，消灭袁绍残部胜利回师途中登碣石山所作的诗。全文为：东临碣石，以观沧海。水何澹澹，山岛竦峙。树木丛生，百草丰茂。秋风萧瑟，洪波涌起。日月之行，若出其中；星汉灿烂，若出其里。幸甚至哉，歌以咏志。表现了诗人浪漫进取的精神性格。

格致学

这是中国古代的一句话，叫做格物致知，大致意思是通过研究事务而获得其中的道理。近代格致学是指西方的自然科学如声、光、化、电等学问，相当于现代的物理学、化学等自然科学。

维新运动

中国在1894年—1895年的中日甲午战争中失败，举国震惊。康有为上书清光绪帝，请求维新变法，学习西方，引进西方的先进制度。历史上将这场运动称做维新运动。而维新运动的代表人物有康有为、梁启超、谭嗣同、严复等。

国会请愿运动

清末，国家政治衰败，民族危机深重，一些人主张向西方学习君主立宪制度。晚清政府也决定在中国"仿行立宪"，所以当时一些主张立宪的立宪派人士呼吁清朝廷速开民选国会实行内阁制，从1910年1月开始第一次请愿，到1910年年底结束总共有4次请愿活动，最后，清廷迫于压力，将预备立宪期从9年改为5年。

资议局

这是晚清预备立宪中成立的类似于议会性质的地方组织名称。清政府预备仿行宪政，在中央设资政院作为皇帝的咨政机构，而地方设立资议局，资议局议员可以开会讨论一方的政治、经济、社会大事，但最终决定权还是掌握在政府手中。